中小会社の危機管理がわかる本

田中直才 著

セルバ出版

はじめに

危機管理の分野は、既に様々な本が出版されていますが、本書では主に危機管理を「実践」する上で、必ず押えておかなければいけない項目に絞り、解説を加えています。

第2章では、新型コロナウイルス感染症関連で対応に悩みがちなこと、および今はあまり認識されていませんが、きちんと対策を講じておかないと大きなリスクとなる恐れがある、薬物とアルコールがもたらす危機について対応策を提示しています。

第3章では、外部要因がもたらす危機として、自然災害発生時の対応について、特にテレワーク運用時の注意点とＢＣＰ（事業継続計画）の策定ついて対応策を提示しています。

第4章では、内部要因がもたらす危機として、特に社員のＳＮＳ対策、およびトラブルメーカー社員に対する対応について対応策を提示しています。

第5章では、コンプライアンス違反が招く危機として、特に「会社というコンプライアンス違反を生み出してしまうシステム」にどのような対応をすべきなのか、具体策を提示しています。

第6章では、社会からの要請と社員の安全を両立するための対応策を提示しています。

本書の内容は、社会保険労務士・企業危機管理士として身につけた理論と、大手製薬会社で約26年間、ＭＲ・労組専従役員・コンプライアンス教育担当として勤務した経験がもとになっています。

机上の空論ではなく、独りよがりの経験だけでもない、理論と経験をミックスすることで得られた独自の見解を踏まえ、今求められる「実践」に焦点を当て、具体策の提示に努めました。危機管理の「実践」に悩んでいる方すべてに、本書の内容がお役に立てれば幸いです。

2021年5月

田中　直才

中小会社の危機管理がわかる本　目次

はじめに

序　章　企業の危機管理を考えるに当たって

1　業界の常識を見つめ直す・10
2　売上とコンプライアンスの両立・14

第1章　リスクと危機管理

1　会社経営上のリスクとは・22

2　リスクを分析・評価する・24
3　リスクの発生を予測しコントロールする・27

第2章　今そこにある危機への対応

1　感染症の脅威・32
2　薬物・アルコールの脅威・42
3　健康経営の視点・53

第3章　危機管理外部要因とその対策

1　国内で想定すべき自然災害・56
2　災害発生時に威力を発揮するテレワークの導入・63
3　ＢＣＰ（事業継続計画）の策定が会社を守る・88

第4章　危機管理内部要因とその対策

1　会社成長の妨げとなるハラスメント・98
2　不用意な社員によるSNSへの投稿が会社を危機に陥れる・117
3　トラブルメーカー社員に対する対応・123
4　社外ユニオン対策・135

第5章　コンプライアンス違反が招く危機

1　会社を守るコンプライアンス・144
2　コンプライアンス違反を発生させない社内制度・風土づくり・154

第6章　東日本大震災における危機管理を経験してわかったこと

1　非常時における社員の安否確認において重要なこと・165

2　従業員とその家族が最低でも3日間は過ごせるだけの水と食料を備蓄しているか・167
3　社会からの要請と従業員の安全を両立させることの難しさ・169
あとがき

序　章　企業の危機管理を考えるに当たって

1　業界の常識を見つめ直す

私は、現在、社会保険労務士・企業危機管理士として、ご縁をいただいた会社の危機管理や人事労務に関する業務のお手伝いをさせていただいています。

そこでいろいろと経験させていただいたこともあるのですが、私が危機管理に関心を持ったきっかけは、大手製薬会社でＭＲ（Medical Representative）として、医薬情報活動に従事していたときです。

その際に、危機管理において大きなリスクとなりかねない、企業におけるコンプライアンス遵守のあり方について、深く考えざるを得ない出来事を経験しました。

本書の具体的内容に入る前に、まずは、危機管理面でも重要な一角を占める、企業におけるコンプライアンス遵守のあり方について考えてみたいと思います。

大手製薬会社でのＭＲとしての経験

私は、１９９３年（平成5年）に大手製薬会社T社に入社し、ＭＲとして大阪の営業所に配属となりました。

ＭＲとは、製薬企業の医薬情報担当者として、医師・薬剤師に面会し、自社製品の有効性・安全性に関する情報を伝える者と定義されていますが、平たく言えば、各製薬会社の営業担当です。

私の配属時は、バブルの終わりかけで、製薬会社はふんだんにある資金を用いて自社製品を使用してもらうべく医師に対し接待攻勢をかけていました。その当時は、現在と異なり接待に対する規制も甘く、言ってみれば何でもありの状態となっていました。

医師への製品の説明はゆっくり食事をとりながら

私は、大阪の大学病院担当となり、そこの所属医師に自社の製品を売り込みに行っていたのですが、製薬会社同士の競争が非常に激しく、また、医師も非常に多忙なので、病院で医師にまとまった時間を取ってもらうことができません。

ではどうするか。自ずと医師の勤務が終わった後、食事をとりながらゆっくりと自社製品の話を聞いてもらうということになります。医師は、社会的ステータスが高いので、食事といってもその辺りの居酒屋で済ますわけにはいきません。

医師とはどこで食事？

製薬会社は、大阪の高級飲食店街（東京でいえば銀座に相当）である北新地の高級割烹や、高級寿司店を利用するのが定番となっていました。

当時は、私の所属していたT社だけでなく、競合他社も総じて景気がよかったので、各社が競って自社製品を使用してくれそうな医師に接待攻勢をかけていました。

私は、会社に入りたてであり、また、周りが皆そうしていたので、国立や公立の医師に対する接待について、何も疑問に思っていませんでしたが、今ならば完全に収賄が成立するような案件です。

製薬会社による公立病院医師への過剰な接待が問題に

実際、２０００年に、大阪府内の某市立病院で過剰な接待が問題になり、病院長が逮捕され、汚職に関連した製薬会社の担当者も略式起訴されるなど、製薬会社の公立病院に対する過剰な接待が大きな社会問題となりました。

そのとき私が在籍していたT社は、たまたまその病院を担当していたのが女性で、接待をしていなかったため、社員が略式起訴されることもなかったのですが、他社がこぞって接待しているのに、「大手の一角を占めるT社が接待をしていないのはあり得ない。T社は接待の事実を隠しているのではないか」と当局に疑われ、当時、大阪府内の国公立病院を担当していた者全員に対し、過去2年半に接待したすべてについて、日時と場所、人数を調査して当局に報告するようにと指示が下りました。

業界の常識が一夜にして崩れ去る

私も国立病院を担当していたので、毎日深夜までかかって2年半の接待記録について洗い出し、

Excelでリストを作成して提出しました。私は、かなりの回数接待を重ねていたので、本気で起訴されるのではないかと恐れていましたが、某市立病院関連での接待以外で起訴された製薬会社のMRはいなかったようです。

ここで気をつけておかなければいけないのは、製薬業界の常識だった私立も国公立も関係なく接待OKとの考え方は一夜にして崩れ去り、下手をすると会社のためを思い普通の営業活動と思っていた行為によって、一社員が犯罪者となるリスクがあるということです。

また、社員が逮捕されるという、会社のレピュテーション（信用）に大きな傷がつくリスクに、社内の誰もが気づいていなかったということです。

業界の常識が世間の非常識となっていないか

業界の常識が世間の非常識で済めばいいでしょうが、法に触れるとなると、それは看過することができません。皆さんの会社で、そのような業界の慣行は残っていないでしょうか？　1度自らチェックするだけではなく、外部専門家からの視点でもチェックすることが必要になるかもしれません。

というのも、私も、会社に入った当時は、医師の薬の選択が製薬会社の接待行為によって左右されるとの状況に大変な違和感を抱いていました。

日用雑貨品や嗜好品であれば、人間の人体に大きな影響がないので、営業の人間が製品の選択権を持っている者に接待攻勢をかけることは理解できなくもないですが、医薬品は生命関連製品です。そのような製品を扱っているとの意識が日々の営業活動によって薄れていってしまうのです。

2　売上とコンプライアンスの両立

研修内容と現場での活動に大きなギャップが

入社時の研修では、「生命関連製品を扱うのだから、倫理観が大事で、薬の有効性のみならず副作用についてもきちんと伝えること、営業担当者ではなく医薬情報担当者だということを常に胸に抱き活動すること」といった内容を叩き込まれます。

そのため、新入社員は、皆、高い倫理観と誇りを持って最初の配属先に行くのですが、現場に着任すると、研修時の内容と現場で行われている内容とのギャップに衝撃を受けます。

名目上、製薬会社のＭＲは医薬情報担当者なのですが、現場では皆計画という名の数字、言い換えればノルマを持たされます。半年ごとに自分の担当先において定められた計画に達するよう、売上を拡大することが求められるのです。

営利企業ならどこでもやっている営業です。現場では厳しく計画の達成が求められます。そのため、当然のこととしていかに自分の担当先の医師に自社製品を売り込むのかが営業現場での一番の命題になるのです。

医薬品営業の特殊性

医薬品の営業は、他の一般的な営業とは異なり、かなり特殊な形態です。普通の製品は、1回商談が成立し、売ったらアフターサービスは別として、その時点で営業活動は終わりです。

しかしながら、医薬品は、1人の医師を通して、多くの患者に処方されるものなので、処方権をもつ医師と毎日のように顔を合わせ、継続的にプロモーションをかける必要があります。

また、営業相手は医師・薬剤師ですから、病態や薬の知識は医薬品メーカーの社員であるMRより上です。そのため、相手の求める専門性の高い情報を継続的に提供するのは難しく、専門分野ではない領域での競争になりがちでした。

崇高な企業理念と厳しいノルマとの間で板挟み

このような状況から、日々の営業現場では、各社MRがいかに医師のニーズを満たして、その医師に気に入ってもらえるかとの競争になっていました。

現場レベルでは、この競争に毎日血道をあげている状況が続いていたので、新入社員は研修で習った崇高な理念と、この現場レベルでの営業競争のギャップについていけず、やめていく者も少なからずいました。

しかしながら、大半の新人は、営業と割り切り、現場の色に染まっていきます。会社は、企業理念を従業員に徹底させ、従業員が法令やコンプライアンス違反を犯さないよう、定期的な教育を実施していました。

その一方で、営利企業として利益を上げ続けることを強く求めます。そのため、営業に携わる社員1人ひとりにノルマを課し、そのノルマを達成するようハッパをかけ続けるのです。

営利企業はどんな崇高な理念を掲げても売上・利益拡大との宿命から逃れられない

実際の現場では、「ハッパをかける」程度では済まず、ノルマが達成できない社員に対しては、営業所長から罵声にも近い言葉を投げかけられる者もいました。

今でこそセクハラやパワハラなどの言葉が人口に膾炙していますが、その当時、セクハラはまだしも、パワハラといった概念はなく、どんな乱暴な指導であっても、上司による熱血指導で済まされていました。

その営業所長も、自分のノルマが達成できないと、その上の役職である支店長から罵声を浴びせられ、支店長もその上の役職である営業本部長から数字の未達について厳しく叱責されます。

会社として株主に約束した売上は何が何でも達成しなければならないとの営利企業の宿命は、資本主義の世界で生きている限り、どんな崇高な企業理念を掲げていても逃れることができません。

ノルマ達成者は多額の報酬、未達者は多額の減額との仕組みが遵法精神・倫理観を低下させる

また、ノルマが未達であれば厳しい状況に追い込まれる一方で、ノルマを達成した者については、

高額の報酬が約束されていました。

その当時は、成果主義のはしりで、私が在籍していたT社は、その当時、金融関係の企業を除けば、先陣を切って成果主義導入の方向に舵を切っていました。

そのため、ノルマを達成した上で、さらに上の数字を上げると、賞与で多大な報酬を得ることができました。賞与の原資は限られているので、ノルマ達成者への多大な報酬の原資は、ノルマ未達成者の賞与がその原資となります。

ノルマ達成者と未達成者の賞与額格差はかなりのもので、ノルマ達成による多大な賞与獲得という正のモチベーションと、ノルマ未達の場合の賞与の大幅な減額、および上司による厳しい叱責を避けたいとの負のモチベーションが相俟って、その当時の現場は、自分に与えられた数字を達成するため、見つからなければ多少のルール違反を犯してもかまわないといった雰囲気が蔓延していました。

営利企業では売上拡大とコンプライアンス遵守の両立が求められるが…

かく言う私も、営業車に医師を同乗させるのは厳禁といわれていましたが、先方から要求されれば平気で同乗させていましたし、定められた1人当りの単価を超えるような接待もしていました。

現場の社員にとっては、崇高な企業理念よりもノルマ達成が至上命題になっている状況下で、先に言及した大阪府下の某市立病院における接待事件が起きたのですが、その当時の状況からすれば起こるべくして起きた事件といえます。

この接待事件が発覚した際、製薬業界は世間から厳しい批判を浴びたのですが、現在のコンプライアンス違反に対する世間の眼は、その当時と比較すると比べられないほど厳しくなっています。

しかしながら、どのような状況下であれ、これはどの業界でも一緒だと思うのですが、営利企業であれば、コンプライアンスを遵守した上で売上を拡大していかなければなりません。

企業理念やコンプライアンス教育だけでは社員の意識は変わらない

現在では成果主義の考え方が定着している企業も多くなっていますが、成果主義が定着すればするほど成果を上げることによるインセンティブが高くなるため、コンプライアンスリスクを冒してでも成果を上げたいとのモチベーションが働きがちになります。

そのため、企業は、社員に対して企業理念やコンプライアンス教育を徹底させることは重要で、継続して実施すべきではありますが、私の経験上、それだけでは従業員の意識・行動を変えることは難しいと思います。

なぜなら、営利企業として達成すべき数字があり、その数字を達成するために営業社員にノルマを課し、その達成度で賞与が決まり、またある程度、その人物の評価が決まるとのシステムに従業員は流されるからです。

人には誰しも承認欲求があり、上司に認められたい、周りに認められたいと思っています。認められるためには、自分のノルマを達成するのは最低条件であり、さらに上司や周囲から認められ、賞賛されるため数字を上積みすることに励みます。

このような状況下であれば、従業員は、「数字を上げるためなら多少の無理は仕方ない」、「コンプライアンス違反をして叱責されるリスクはあるが、そのリスクを冒しても数字を達成した際の見返りのほうが大きければ多少の無理は仕方ない」との考えに至ってしまいます。

コンプライアンス違反の発覚による会社評判（レピュテーション）の低下は大きなリスク

営利企業が継続的に利益の拡大を追求していく中、営業の現場では常にこのような潜在的リスクが潜んでいると考える必要があります。

また、このようなリスクは、営業現場だけではありません。営利企業であれば、本社における管理部門や工場などの製造部門でも、利益を向上させるために恒常的にコスト削減が求められています。

会社から求められているコスト削減圧力が強いと、多少のコンプライアンス違反は仕方がないとの考え方が、社員に蔓延する恐れがあります。

企業の危機管理上、コンプライアンス違反の発覚による会社評判（レピュテーション）の低下は大きなリスクとなります。

そのため、営利企業である限り、解決が非常に難しい問題である「売上追求とコンプライアンス遵守の両者を同時に社員に求めること」についても、何かしらの解決策を見い出さなければなりません。

私は、労組専従役員退任後、支店長や営業所長に対するコンプライアンス教育に従事しており、彼らにコンプライアンス遵守の重要性を伝え、その遵守を強く要請していました。

また、先述のとおり、MRとして営業活動にも従事していたので、ノルマ達成が強く求められる営業の立場にも身を置いていました。

両者の立場を実際に経験することで、営利企業において「売上追求とコンプライアンス遵守」の両立がいかに困難なことなのかを改めて感じるとともに、この問題の解決なくしては、企業をコンプライアンス違反から発生する危機から守れないと強く思うようになりました。

そのような思いを抱き、会社退職後は、社会保険労務士・企業危機管理士として、会社を守るために必要な理論を多方面から学びました。

これら経験と理論をとおして、「売上追求とコンプライアンス遵守」の両立に何が必要なのかについて、多くの検討を重ねてきた結果、一定の結論に至ることができました。

企業の本質にかかわるあまりにも難しい問題なので、すべてが完全に解決というわけにはいかないかもしれません。

しかしながら、少しでも本問題の解決に向け、日々頭を悩ませている方々の一助になればと願い、本書では、第5章でこの難しい問題に対する解決策について触れています。

第1章　リスクと危機管理

1　会社経営上のリスクとは

巷に溢れるリスク

巷には、たくさんのリスクが溢れています。個人であれば、一番身近なリスクは、病気に罹患することや怪我をしてしまうことではないでしょうか。

最大のリスクである死亡については、生命保険に加入し、リスクに備えていることかと思います。会社は、法人と言われるように、法律上は、一個の個人の人格を持つものとして取り扱われます。個人が病気に罹患する、怪我をする、死亡するリスクがあるように、会社にも経営状況が悪化し、倒産するリスクが存在します。

会社に倒産保険はない

会社にも、個人と同様、経営悪化や倒産リスクを避けるための保険があれば安心ですが、残念ながら会社にそのような保険はありません。

そのため、会社は、普段から経営悪化や倒産のリスクを回避するよう、十分な備えをしておく必要があります。

また、会社は、法人としてみられはしますが、その実態は多くの社員が集う集合体としての組織です。

そのため、ときには集合体の構成員である個人が生み出すリスクが、会社全体に致命的なダメージを与えてしまうことがあります。

会社が備えるべきリスクは多岐にわたる

会社は、法人としてのリスクと、法人に属する個人が生み出すリスクの双方に対応する必要があります。したがって、会社として備えるべきリスクは多岐にわたります。

会社の規模が小さいうちは、そこに属する社員の数も少なく、また、活動範囲も広くないため、リスク管理にそれほど労力を割かなくてもいいかもしれません。

しかしながら、会社が成長し、社員数が増加、活動範囲が広くなると、会社を危機にさらさないためのリスク管理が大変重要になります。


危機管理に要する費用はコストではなく必要な投資

せっかく会社が成長し、さあここからというときに、危機管理をおろそかにしたため、一気に会社が危機に瀕してしまう恐れがあります。

また、ある一定規模の企業となると、もし倒産してしまうと、多くの社員が路頭に迷う、多くの関係先に迷惑をかけてしまうといった事態を招きかねません。

平時には、単なるコストとして捉えがちな危機管理に要する費用・工数ですが、いざというときの保険がない法人だからこそ、コストとは捉えずに、必要な投資と考えることが必要です。

日本人は、世界一生命保険が好きな民族といわれています。個人であれば、多くの人がリスクに備え、生命保険に入ることにあまり疑問を感じていません。

会社は、個人が入れる生命保険がないのですから、それに代わるものといった位置づけで、会社とそこに働く個人を守るのに必要な投資として、危機管理に取り組んでいただければと思います。

2 リスクを分析・評価する

会社を取り巻く多種多様なリスクを正しくマネジメントすることが必要

個人であれば、医療保険・生命保険に加入しておくことで、直面するある程度のリスクを回避することが可能です。しかしながら、先述のとおり、会社にはそのような便利なパッケージは用意されていません。

したがって、自社にどのようなリスクがあり、そのリスクをどのように回避していくかを、丁寧に検討していく必要があります。

会社を取り巻くリスクは、多種多様です。地震や大雨のような自然災害、思いもよらなかったコロナ禍などの外部要因から、社員によるコンプライアンス違反の発覚や、問題社員による周囲への負の影響などの内部要因まで、想定されるリスクは数え上げればきりがありません。

リスクが高く早急に対処が必要なものから資源を効率よく投入していく

しかしながら、会社は危機管理に無限に資源を投入できるわけではありません。限られた資源でいかに効率よく危機管理を施せるかとの視点を持つことが重要です。

そのためには、自社にとって何がどの程度リスクになるのかを、細かく分析して評価することが求められます。

その評価・分析に基づき、リスクが高く、早急に対策が必要なものには多くの資源を投入し、そうではないものについては、ある程度時間をかけて徐々に対策を施すなど、メリハリをつけた資源配分をする必要があります。

リスク分析は責任ある立場の者が、主観を排し、客観的指標を用いて進める

ここで重要なのは、正しくリスクを分析し、評価することです。この評価・分析が正しくないと、会社として緊急性が高くないものに先に資源を投下し、緊急性が高いものが後回しになってしまうといった事態に陥ってしまいます。

そのような事態とならないよう、リスクの評価・分析は、忙しいからといって、キャリアが浅く、権限もないような社員に任せるのはＮＧです。

社内全体を俯瞰して見ることが可能な、ある程度権限がある、キャリアを積んだ社員が責任を持ってリスク分析・評価をすることが求められます。

また、その手法についても、なるべく主観を排し、客観的な指標などを用いて進めることが必要です。

リスク分析をする手法は主に「定量的手法」と「定性的手法」の2つ

リスクを分析する手法は、大きく次の2つに大別されます。これらの手法を組み合わせてリスク分析を行います。

・定量的手法

リスクを、発生確率や損失額、統計的な方法などによって、具体的な数値で表します。

例えば、南海トラフを震源とする大地震が起こった際の自社の社屋や工場、人的被害などについて、自治体や研究機関が公表している被害想定をもとに算定しておくことなどがあげられます。

・定性的手法

リスクの発現結果や発生確率およびレベルに基づいて、高い・普通・低い、大・中・小などによって表します。

例えば、自社が使用しているシステムについて、過去にトラブルが起こった頻度を参考に、今後発生する確率を予想することなどがあげられます。

会社経営上欠かせない事案は定量的手法で厳密にリスクを評価・分析

全社のオペレーションシステムを運用していく上でどのような問題が存在するのか、または工場が安定的に操業を続けていく上で何が問題となりそうかなど、会社業務の遂行上、欠かすことのできない事案については、定量的手法で厳密にどの程度のリスクがあるかを正しく分析・評価することが求められます

得られた評価・分析結果をもとに、優先順位をつけて、限られた経営資源を計画的に配分することで、効率よくリスクに対する備えをすることが可能となります。

3　リスクの発生を予測しコントロールする

リスクの発生を予測し、そのリスクをコントロールする指標として、よく使用されているのが、フィンクのリスク予測図です。

フィンクのリスク予測図とは

この予測図は、縦軸に「危険衝撃度」、横軸に「発生確率」をとり、それを10等分して、図表１のようなマトリックス図で表し、垂直に交わる中央の点が衝撃度５、発生確率50％として、４象限にゾーン分けをします。そこに、あらかじめ洗い出しておいたリスク事象を、マトリックス図の中にプロットしていきます。

【図表1　フィンクのリスク予測図】

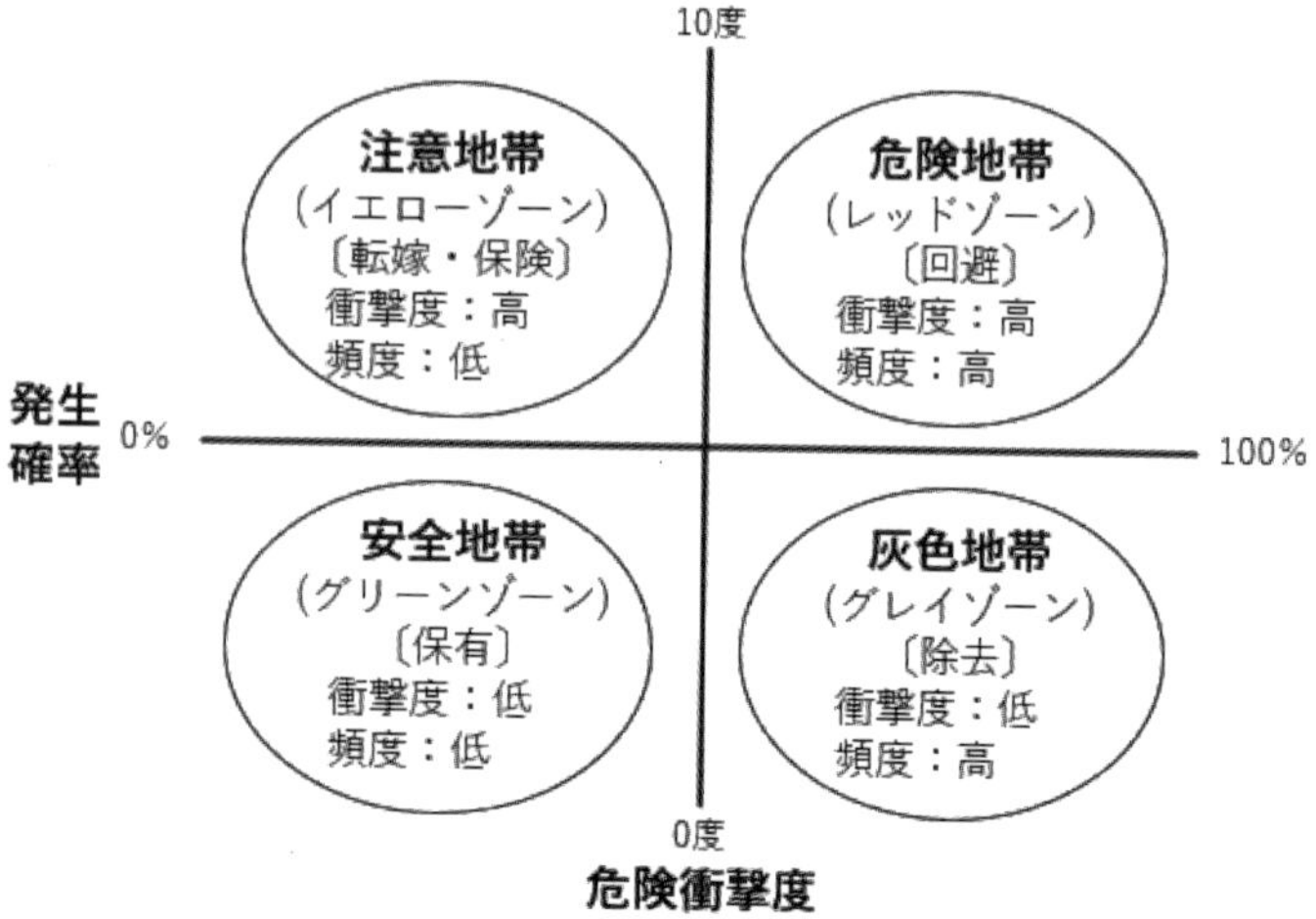

フィンクのリスク予測図の作成で、一目でリスク対応の優先度がわかる

図表1を作成する際には、抽出したリスクごとに、衝撃や拡大の速度、マスメディアや行政などによる調査・規制、通常業務への支障、イメージや評判の低下、会社収益の低下に対する影響などの観点から、発生確率と危険衝撃度について1～10までの点数をつけます。

その点数に応じて、図にプロットすることにより、一目でどのリスク対応の優先度が高いのかがわるようになります。

例えば、危険地帯（レッドゾーン）、衝撃度が高く、頻度も高いと認定したリスクについては、「回避」が対策となります。すなわち、リスクに巻き込まれないようにする、リスクのある状況から撤退することを最優先とします。

万が一、抽出したリスクがこのゾーンに該当すると判断したのであれば、早急にそのリスクを内包する事業から撤退するなどの対応が必要となります。

注意地帯（イエローゾーン）、衝撃度は高いものの、頻度は低いと認定したリスクについては、「転嫁・保険」が対策となります。すなわち、特定リスクに関する損失負担を他者と分担することを目指します。

具体的には、社内における死亡事故などが該当します。社内で死亡事故が発生することは希なことと思いますが、万が一発生すると、会社に与える衝撃は大きなものとなります。

社内から社員をなくすことはできません。そのためこのようなリスクに対応するために、安全教育をその道のエキスパートに委託する、業務上災害の補償額を上乗せしておくなどの対策が考えられます。

灰色地帯（グレイゾーン）、衝撃度は低いものの、頻度が高いと認定したリスクについては、「除去」が対策となります。すなわち、特定のリスクを分離する、そのプロセスを変更すること等で、リスクを除去することを目指します。

具体的には、「サービス残業」の発生などが該当します。発生過程を特定し、対策を講じることで、「サービス残業」については、その発生を抑制することが可能です。

ハインリッヒの法則とは

ハインリッヒの法則は、労働災害の研究事例から導き出されたものであり、労働災害や事故などの発生頻度から推計したリスクが、顕在化する確率を経験則にしたものです（図表２参照）。

この法則は、「1：29：300 の法則」とも呼ばれており、１件の重大事故や事件の前には29ものの

【図表２　ハインリッヒの法則のイメージ図】

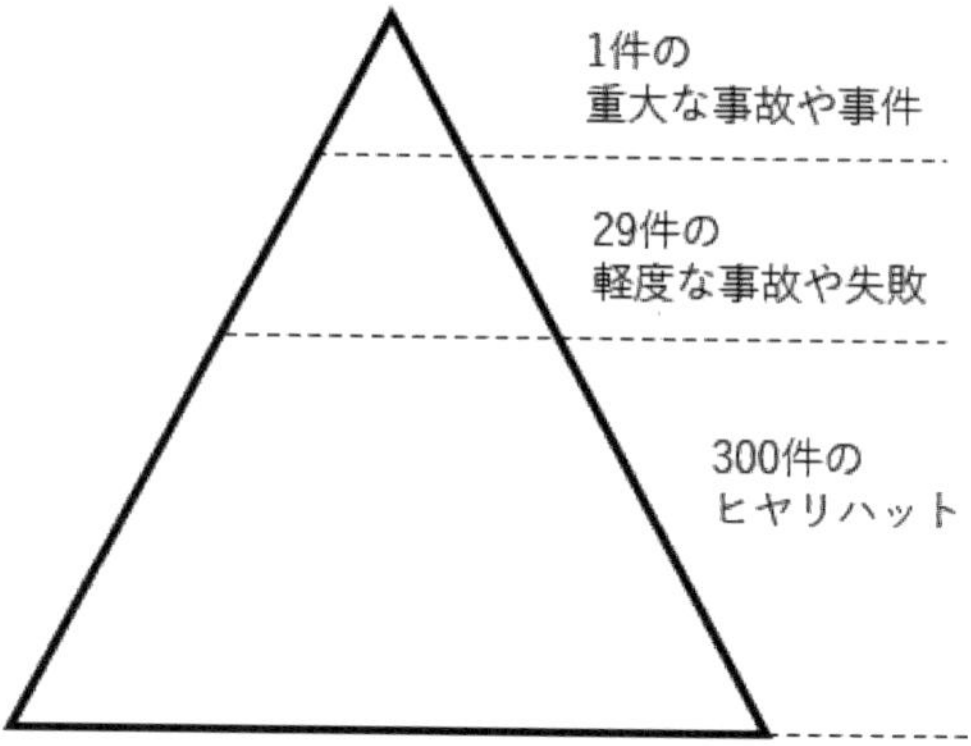

軽度な事故や失敗が発生していて、事故や事件に至らなかったものの３００のヒヤリハット体験が存在するというものです。

例えば、工場の主力機械が従業員の操作ミスにより故障し、半日にわたり製造が止まってしまったといった重大な事故の前には、これほど長時間機械がストップすることはなかったものの、操作ミスにより短時間機械が止ってしまったというようなレベルの事故が29件発生していて、機械が止ることはなかったものの、ヒヤリとするようなミスが３００件存在していたとのことを表しています。

重大な事故や事件の発生を防止するためには、ケアレスミスや不注意などを見逃さず、ミスや不注意が起こった時点で、その原因を究明し、対策を講じることが重要です。

以上、リスクの評価や分析、そのコントロール法などについて説明してきましたが、次章からは、実際の危機やリスクについて、どう対応していけばよいのかの具体例を解説していきます。

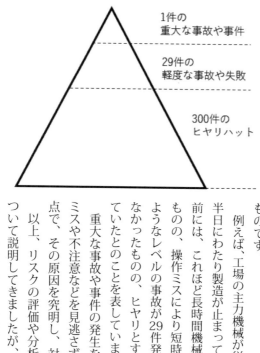

第2章　今そこにある危機への対応

この第2章では、会社を取り巻くリスクが様々ある中から、愁眉の急としてどの会社においても求められる危機に対する対策について解説します。

1　感染症の脅威

これほど新型コロナウイルスが蔓延すると想定していましたか。

私たちは、歴史を学ぶ過程で、過去にペストやインフルエンザが大流行し、多くの死者が出たとの事実は知っていました。

しかしながら、感染症が大流行し、多くの死者が発生するのは、あくまでも今ほどに医学や公衆衛生が発達していなかった過去の世界の話で、現代社会が今直面しているコロナ禍のような感染症の脅威にさらされるとは、思ってもみなかったのではないでしょうか。

ここでは、世界中に恐怖と混乱をもたらした新型コロナウイルス感染症に関する対策について解説します。

新型コロナウイルス感染症に対する会社として必要な対策とは

図表3は、厚生労働省が公表している、職場において求められる具体的な感染防止策について抜粋したものです。

【図表3　職場で求められる主な感染防止策】

1	①換気の悪い密閉空間、②多くの人が密集、③近距離での会話や発声の「3つの密」を同時に満たす行事等を行わないようにする
2	人との間隔は、できるだけ2m（最低1m）あける
3	会話をする際は、可能な限り真正面を避ける
4	対面での打合わせではマスクを着用し、換気を怠らない
5	出勤前に体温を確認するよう全員に周知し、徹底を求める
6	体調不良時に正直に申告しやすい雰囲気を醸成し、正直に申告し休むことで不利益な扱いとしない
7	接客業等において、人と人が近距離で対面することが避けられない場所は、労働者にマスクを着用させ、人と人の間にアクリル板、不燃性透明ビニールカーテンなどで遮蔽するようにする
8	電話・パソコン・デスク等は、複数人での共用をできる限り回避する。共用する場合には使用前後での手洗いや手指消毒を徹底する
9	複数の労働者が触れることがある物品・機器等について、こまめにアルコール（容量%で60%以上）や界面活性剤や次亜塩素酸ナトリウム0.05%水溶液による清拭消毒を行う
10	休憩スペースは常時換気する
11	休憩スペースに一度に入れる人数を減らし、対面での食事や会話を控え、長居しないようにする
12	喫煙所で同時に利用できる人数に制限を設け、会話せず喫煙後は速やかに立ち退くことを利用者に周知する

出所：厚生労働省発出の文書から抜粋

職場における新型コロナウイルス対策にはトップのメッセージが重要

新型コロナウイルスが蔓延し始めて1年以上が経過しており、多くの職場では、図表3に記載してある対策を講じているのではないかと思います。

当然、このような具体的な対策は必要なのですが、一番重要なのは、感染予防に対する社員全員の意識を向上させることです。

そのためには、トップの発するメッセージが重要になります。会社トップが、新型コロナウイルス感染防止対策に積極的に取り組むことを表明し、社員に対して感染予防の推進が重要であることを伝えます。その上で、会社として実行する具体的な取組みやルールについて、社員へ周知します。

このトップの姿勢が一番大切なので、もし、具体的な対策を講じるだけで、トップとしてのメッセージ、思いが伝わっていないと危惧する向きがあるのであれば、まずはトップの意識改革から進めてください。

テレワークや時差通勤導入に際しては事前に就業規則の改正が必要なことも

新型コロナウイルス感染症は、人と人の接触により感染が拡大するため、職場内での接触を大幅に削減できるテレワークは大変有効です。

ところで、このテレワーク導入に際しては、人事労務管理上多岐にわたる見直しが必要となる場合があります。必要に応じて事前に就業規則等を改正しておくことが求められます。

テレワーク導入が難しい会社では、時差通勤の導入が有効となります。こちらも導入に際しては、事前に就業規則を見直し、出退勤時間に関する記載を時差通勤に対応できるよう、改正することが必要になる場合があります。

テレワーク関連については、第3章で詳述します。

高齢者や基礎疾患を有する方への対応は事前に産業医との協議を

社員の中に高齢者や基礎疾患を有する方がおられる場合は、別途、会社として配慮することが必要となります。

会社のおかれている状況や労働者個々の状態によって、講じることが可能な対策が異なるので、産業医と十分に協議の上、会社として対応可能な対策について事前に検討しておくことが必要となります。

社内で社員にマスク着用を義務化できるのか

新型コロナウイルス感染予防に関する要請は、どこまで社員を拘束できるのでしょうか。

現在までのところ、新型コロナウイルス感染症は、感染者が発生すると、濃厚接触者を特定し、検査を受けさせることや感染者の周囲を消毒することなどが必要となります。

このような煩わしいことは、会社運営上、マイナスでしかありません。そのため、多く会社では、社内ではもちろん、社外においても社員が新型コロナウイルス感染症に罹患しないよう、様々な要請を行っているのではないでしょうか。

この要請ですが、どこまで社員を縛ることができるのでしょうか。例えば、「勤務中は全員マスク着用」との社内ルールは、社員に強制できるでしょうか。

社員に対する安全配慮義務に照らして、社内における社員のマスク着用義務化は可能です。会社は、社員に対する安全配慮義務があります。

すなわち、会社で勤務している間は、会社の責任のもと、社員を安全な環境下に置くことが求められます。

感染初期の頃は、感染予防に対するマスクの効果が疑問視されていたため、マスク着用を拒否する社員に対して強制するのはなかなか難しかったかもしれません。

しかしながら、現在では、マスク着用による感染予防効果は国も認めています。そのため、社員の安全を守る上で、きちんとしたエビデンスがある行為（ここではマスク着用になります）は、社員に強制に近い形で協力を求めることが可能となります。

ただし、体質的にマスクの着用が無理な社員には、配慮する必要があります。また、人と人との距離が一定以上離れていれば、感染リスクは低下します。そのため、何が何でも四六時中社内はマスク着用というルールは避け、柔軟に運用することが求められます。

社員に社外での会食を禁止とすることは可能か

社内については、社員への安全配慮義務の観点に照らし、その行為の是非について判断できます。それでは、社外における行動についてはどうでしょうか。

会食、特に大人数での会食は、感染リスクが高いと言われています。そのため、国や自治体の感染拡大防止策は、飲食店に営業時間短縮を求め、会食する機会と時間を減らすことが主流となっています。

では、この国や自治体の方針に則り、社員に対し社外での飲み会を禁止することは可能でしょうか。

端的に言えば、業務から離れれば、基本的に社員の行動は自由であり、会社は社員の行動を縛ることはできません。そのため、社員の社外での飲食を禁止するとの会社の命令は、難しいということになります。

しかしながら、危機管理上、会社としては、新型コロナウイルス感染症のリスクがある中、遅くまで飲み歩いていた社員が、社内にウイルスを持ち込み、クラスターを発生させるといった事態を招くことは絶対に避けるべきです。

そのため、社員に対し、飲み会不参加の協力をお願いすると同時に、その理由を明確に社員に理解させることで、抑止力を発揮させるというのが一番の対策です。

社内に感染を持ち込むことで会社が被るであろう損害を具体的に伝える

会社として、飲み会参加禁止を強制はできませんが、もし、自分が感染し、周囲の社員に感染させたらどうなるかについて、発生し得る状況を具体的に伝えることが有効です。

曰く、「保健所の指導のもと、感染者周囲を消毒する必要があるが、その費用は基本、会社負担である」こと、曰く、「社内クラスターが発生し、そのことが公になれば、会社の評判を大いに落とすことになる可能性がある」こと、曰く、「多くの社員が自宅待機になることで、会社の業務がストップし、多大な損害が発生し得る」ことなど、具体的に伝えましょう。

「したがって、飲み会自粛を求めます」といった感じで要請すると、よほど想像力が乏しい社員でない限り、自分が原因で会社の運営に支障を来たすことは避けようと思うはずです。

会社の宴会禁止要請を破った社員への制裁は可能か

前述したように、会社として、業務以外で社員の行動を明確に禁止することはできません。あくまでも社員に要請をするのみです。

したがって、この要請を社員が守らなかったとの理由で、会社の正式な処分である懲戒などを社員に課すことはできません。

しかしながら、病院などの医療機関やエッセンシャルワーカーがそのほとんどを占める職場など、もしクラスターが発生し業務が滞ると、社会に多大な損失を与えるような事業を営んでいる会社では、社員の自主性に任せた要請のみでは頼りないと思われる向きがあるかもしれません。

そのような職場については、労使で事前によく話し合い、コロナ禍という緊急事態の間だけ、○人以上の会食は禁止など、明確なルールを定め、それを破った際には何らかの罰則を与えるなどの覚書を労使で締結するといった対策が有効です。

ただし、このような覚書を締結した際には、必ず全従業員に周知し、そんな決まりがあったなど知らなかったとの社員が発生しないよう十分注意してください。

例えば、全員に覚書の内容を記載した文書を配付し、内容を理解した旨サインや押印をさせるなどが考えられます。

社員が新型コロナに感染したら

新型コロナウイルス感染症は、誰もが罹患する可能性があります。社内での蔓延を防止するため、罹患した社員や濃厚接触者となった社員は、速やかに電話やメールで直属の上司等に連絡するとの社内ルールを定めておくことが求められます。

また、社内で無用な差別を生まないよう、誰が感染したといった情報は、直属の上司を含めた最低限知る必要がある範囲の者だけで共有するといった配慮も必要となります。

さらには、日頃から新型コロナウイルスに関する正しい情報を折に触れて発信し、社員の理解を深めておくことも重要です。


傷病手当の受給が可能。業務に起因した罹患であれば労災保険の適用も

新型コロナウイルスに感染した社員については、健康保険法等に基づき傷病手当の受給が可能となります。

また、業務に起因した感染と認められる場合には、労災保険給付の対象となります。感染者が発生した場合は、保健所の調査に積極的に協力し、どのような経路で感染したのかを明らかにすることが求められます。

さらに、感染が疑われる社員については、会社の指示で休業させる場合もあるかと思います。その際の休業手当支払いの有無などについては、事前に労使で十分話し合っておくことが必要です。

社員の家族が新型コロナに感染したら

社員の家族が感染し、社員本人が濃厚接触者になったときも同様です。労働できる状態の社員を会社都合とまでいうと酷かもしれませんが、休ませるわけですから、後から無用なトラブルを生まないよう、きちんと事前に話し合っておくことが非常に重要となります。

感染防止を名目に社員へのワクチン接種を奨励できるのか

本書の原稿執筆時点では、まだまだ一般の方へのワクチン接種が始まりそうにないようですが、日本におけるワクチン接種は任意となっているので、個々人が接種の必要性の有無を考え、打つ、打たないを判断します。

したがって、医療機関においてでさえも、医師や看護師、職員などにワクチン接種を強制することはできません。

しかしながら、コロナ禍における医療機関の重要性を鑑みるならば、ワクチンの有効性が高いことを前提に、強制はできなくても、強く接種を奨励するところまでは許されるかもしれません。

直接社員にワクチン接種を奨励するのはリスクがある

一般企業においてはどうでしょうか。企業の管理者としては、社内からのクラスターの発生はなんとしても防ぎたいところです。そのため、社員にワクチン接種を強く奨励したいと考えている管理者の方も多いのではないかと思います。

そのような場合でも、直接強くワクチン接種を奨励すると、ワクチンに対するネガティブなイメージを持っている方から反発を買うかもしれません。

また、万が一、社員の接種者に重篤な副反応が出た場合、その社員から、「自分は接種するつもりはなかったのに、会社から強く接種を奨励されたため、仕方なく接種したところ、重篤な副反応に見舞われた。これは会社にも責任の一端がある」といった訴えを受けるリスクがあります。

したがって、会社として、社員にワクチン接種を強く奨励することは避けるほうが無難です。

客観的データを使用しワクチンの有効性・安全性をアピール

ただし、社内クラスターの発生は避けなければならないので、公的機関が広報している、ワクチンの有効性と安全性といった事実を広く社員に周知し、直接接種を奨励するのではなく、間接的に奨励するといった対策が有効になります。

具体的には、朝礼の場でもいいですし、社長訓示の中でもいいですし、社内報への掲載でもいいので、折に触れて何度もワクチンの有効性と安全性を客観的なデータを使い社員にアピールしていきましょう。

また、特別休暇として、ワクチン接種日を有給休暇とするなどの対策も、間接的に社員にワクチン接種を促すのに有効です。会社はあくまでも裏方に徹し、社員自らが接種に赴くとの雰囲気を醸成していきましょう。

2　薬物・アルコールの脅威

使用が禁止されている薬物

２０１７年に実施された一般住民を対象とした全国調査によれば、覚せい剤や大麻といった薬物を少なくとも1回以上使ったことがある国民（15歳から64歳が対象）は、全国で約２１６万人と推計されています。

世界的に見れば大変低い水準ですが、近年は大麻使用での検挙者が増加しています。一口に薬物といっても大麻のほか、覚醒剤やコカイン、MDMA、有機溶剤などの種類があります。

この中で一番使用されているのが覚醒剤で、次が大麻となっています。テレビで芸能人が薬物使用で逮捕されたとのニュースが流れることがありますが、近年は、薬物使用が他人事ではなくなってきているので、注意が必要です。

アルコールの摂取にもリスクが

薬物を使用したことがある者は、全国で約２１６万人でしたが、アルコールはどうでしょうか。年々減少してきているとはいえ、平成29年の国民健康・栄養調査によると、１日当り１合以上週３回以上飲酒している者の割合は、男性で61・４％、女性で29・５％でした。飲酒可能な20歳以上の日本の人口から考えると、薬物とは比べものにならないくらい多くの方が飲酒しているのが現状です。

アルコール飲料は、禁止されている大麻などの薬物とは異なり、20歳を過ぎれば自由に飲むことができます。そのため、飲酒している方の人数は重要ではないように思われますが、決してそんなことはありません。

この項では、薬物とアルコールがもたらすリスクについて検証していきます。

薬物の摂取は人間の精神および身体に多大な悪影響を及ぼす

大麻や覚醒剤、コカインなどの薬物の摂取が法律で禁止されているのは、人間の精神および身体に多大な害悪を及ぼすからです。

また、これら薬物は依存性があり、容易に中毒状態となってしまうため、１度手を出してしまうと、なかなか薬物をやめることができなくなってしまいます。

これら薬物の使用に関しては、自分に悪影響があるだけで、他人に迷惑をかけていないのだから構わないだろうといった考え方を表明する人もいます。

しかしながら、重度の中毒になると、薬物を買う金ほしさに強盗を働く、幻覚などの症状に襲われ刃物を持って暴れるなどの行為に及ぶ者もいるので、薬物の使用は、警察や麻薬取締官によって厳しく取り締まられています。

日本では、平成7年～9年にかけて、薬物乱用者が多数発生したため、薬物に対する教育が強化されてきました。軽い気持ちで手を出すことがないよう、薬物の危険性について、平成10年から、小学校の授業でも取り上げられています。

覚醒剤や大麻だけではない薬物の脅威

薬物というと、覚醒剤や大麻、コカインなどを思い浮かべる人も多いのではないかと思いますが、少し前からこれらの薬物に加え、脱法ハーブや危険ドラッグなども社会的な問題となりました。

これらの摂取により、意識を失ったドライバーが歩道に突っ込むなどの事故も引き起こしています。

脱法ハーブや危険ドラッグは、一見すると、普通のハーブやアロマオイルのような形態で販売されたりもしています。素性の知れない者から大丈夫とすすめられ、軽い気持ちで手を出すと、抜け出せなくなる恐れがあるので、注意が必要です。

社員が薬物乱用で逮捕されるリスク

企業の管理者は、社員が薬物乱用で逮捕されるリスクについても考える必要があります。薬物問題を他人事として見ていては、会社を守ることができないのです。万が一、自社の社員が薬物の乱用で逮捕され、そのことがマスコミ報道などで公になったときのリスクを考える必要があります。

日本は、海外ほど薬物が浸透してないとはいえ、本気になって薬物を手に入れようとすれば、ネット販売などを通じて、容易に手に入れることができる環境にあります。

最新の調査では、年間で１万３０００人強が薬物の事案で逮捕されています。厚生労働省麻薬取締部のデータによると、違法薬物の密売方法は、携帯電話で密売人に連絡を取り、時間と場所を決めて、そこで接触して薬物を入手するという方法が主流とのことです。

以前は、暴力団関係者が中心となって密売をしていたとのことですが、大都市では中東系の外国人密売人も多数暗躍しており、注意が必要とのことです。また、インターネットを利用した薬物密売も増加しており、電子メール等で連絡を取るため匿名性が高く、宅配便を利用することで、全国どこでも入手可能になるので、老若男女の区別なく薬物汚染が進行しているとのことです。

普通に生活を送っている一般市民にも薬物の魔の手が迫っている

薬物は、暴力団などのアウトローの人間のみが手を染めるものではなく、身近にいる一般市民が普通に手を出すレベルのものになってきています。

具体的には、知人から「仕事の疲れがとれて、頭がすっきりする薬だから試しに飲んでみな」と言われて飲んだら、それは危険ドラッグの一種で、それ以降その薬がないと正常な活動ができない中毒者になってしまったといった報告もあります。

本人に明らかに違法な薬物に手を染めたとの意識がなかったとしても、巻き込まれてしまう例があるのです。また、恋人・友人からすすめられ、「関係を壊したくない」「嫌われたくない」との思いから断り切れず始めたのがきっかけで、乱用者となってしまったとの例もあります。

社員が薬物乱用者とならないよう薬物に関する最低限の教育が必要

会社の管理者は、社内から薬物乱用者を出さないよう、最低限の対策として、薬物が人体にとってどれほど危険かとの教育をする時間を取ってください。

余裕がある会社は、年に1回でもいいですから、公益財団法人麻薬・覚せい剤乱用防止センター(https://dapc.or.jp/)が公開している内容などを参考に、普通に日常生活を送っていても違法薬物に触れる機会があるかもしれないという、薬物に対するリスク意識を持ち続けられるような啓蒙教育を実施してください。何らかの対策を講じておくことが、会社と社員を守ることにつながります。

意外と知られていないアルコールの危険性

20歳になったら誰でも飲むことができるビールやワイン、日本酒などのアルコール飲料ですが、人体にとっては、決して好ましいものではありません。

昔から「酒は百薬の長」と言われ、少量の飲酒は、人体に好影響をもたらすとの認識を持っている方も多いかもしれません。しかしながら、最近の研究では、最終的に健康への悪影響を最小化するアルコールの消費レベルは『ゼロ』であると結論づけているものもあります。

アルコールは少量でも人体に悪影響を及ぼす可能性

この結論を導き出したのは、医学界では知らぬ者はいない、最も権威が高い医学雑紙の1つである「Lancet（ランセット）」で、１９９０年～２０１６年にかけて１９５の国と地域におけるアルコールの消費量とアルコールに起因する死亡などの関係について分析した論文です。

詳しくは記載しませんが、この論文によると、虚血性心疾患（心筋梗塞など）については、以前と変わらず、「少量飲酒で発症リスクが下がる」との結果が出ています。しかしながら、飲酒量が増えれば、がん・結核など他の疾患のリスクが高まっていくので、心疾患などの予防効果が相殺されるとのことです。このように、最新の研究では、アルコールは少量でも人体に直接悪影響を及ぼす可能性が高いとされていますが、具体的にはどのような影響があるでしょうか。

アルコールが引き起こす様々な健康被害

アルコールが人体に及ぼす悪影響と聞いて、一番初めに思い浮かぶのは、肝臓の障害ではないでしょうか。アルコールが人体に入ると、肝臓で無毒化されます。

過度の飲酒や毎日の飲酒が続くと、肝臓へのダメージが蓄積され、アルコール性の肝障害となってしまいます。

お酒好きの方が、よく会話の中で、γ,GTPの値やGOT・GPTの値がといったことを口にしていますが、この値が肝臓の状態を表します。

肝臓は、沈黙の臓器と言われており、障害が相当進行しないと、痛みなどの自覚症状が現れません。逆に言うと、自覚症状が現れる頃には、手遅れの一歩手前まで行ってしまっているということです。重症になると、肝硬変という状態になり、命の危険にさらされることになります。

この他、腎臓や食道、胃など、飲酒によって様々な臓器がダメージを受けるのですが、中でも深刻なのが脳です。

アルコールは理性の働きを鈍くする

アルコールは、脳に作用するので、過剰なアルコ―ル摂取は脳に悪影響を及ぼします。また、アルコールは、脳の中でも理性を司る大脳皮質に対して作用するため、飲酒は理性の働きを鈍くします。

その結果、大脳皮質の働きにより抑えられていた本能に近い部分の大脳辺縁系の活動が活発になることで、感情のままに振る舞いやすくなり、陽気になる、気が大きくなるなどのいわゆる酒に気持ちよく酔った状態をもたらします。

酒量が増すとアルコール依存症に

酒量が増し、脳内のアルコール濃度が高くなり、呼吸などの生命維持の役割を担う脳幹にまで影響が及ぶと重症の急性アルコール中毒となり、意識を失う、呼吸ができなくなって死亡するなどの事態に陥ることもあります。

過剰な飲酒を続けると、脳はアルコールに対して耐性が生じ、同じ効果を得るのに必要なアルコール量が増えてしまいます。

その結果、酒量が増え、脳の神経細胞がアルコールによっていつも麻痺している状態が続くようになります。

さらには、脳内のアルコール濃度が少しでも下がると、神経細胞が異常な興奮を示すようになります。これが、離脱症状（禁断症状）と呼ばれる状態です。

アルコールの離脱症状（アルコール依存症）には、不眠、不安、焦燥感、発汗、吐き気、手のふるえ、てんかん発作（けいれん発作）、幻覚・妄想などがあります。

アルコール依存症の人は脳が萎縮し老化が促進されるリスクが

このようなはっきりとした症状がなくても、ＭＲＩなどで脳の画像を確認すると、アルコール依存症の人の脳が、依存症ではない人の脳と比べて委縮していることが少なくないとのデータがあります。これは、比較的若い人の場合でも認められるとのことです。

依存症ではない人も、60代後半以降は脳に委縮が見られますが、依存症の人は若い頃から委縮が認められることから、アルコールは脳の老化を促進するといえます。

脳委縮のない人とある人のＭＲＩ画像を比較してみると、脳委縮のある人の脳は、全体的に黒い部分が多く、脳の表面にある溝の幅が広がっています。

アルコールの過剰摂取は認知症発症のリスクも

ある研究によれば、健康な60歳の男性では、認知症の症状が見られる人は1・8％程度ですが、アルコール問題を抱える60歳男性は20％の人に認知症の症状が認められるとのことです。

また、健康な70歳の男性では18％に認知症の症状が見られるといわれていますが、アルコール問題を抱える70歳の男性の場合には67％に認知症の症状が認められたとのことです。

この研究結果から、アルコールがいかに脳に悪影響を与えているかが理解できます。

セクハラ・パワハラ「酒に酔った勢いで」では済まされない

酒の上の話として大目に見られていた行動が、厳しく糾弾されるリスクが高くなっています。

社員がアルコールに溺れ、健康な状態を保てないと、業務効率が下がり、会社の生産性に影響を及ぼす可能性がありますが、昼間からアルコールの摂取を我慢できないというアルコール依存症になってしまうような社員は、恐らくごく少数と思われます。

そのため、アルコールによる健康被害は、個々人の管理の問題に行き着くことになります。ただし、会社としてアルコール摂取について注意しなくてもいいというわけではありません。

むしろ、それほど健康への害を気にしなくてもいい量の飲酒にこそ、注意を払う必要があります。すなわち、酒の席でのセクシュアルハラスメント、パワーハラスメントなどのハラスメントです。これまでは、酒の上の話として大目に見られていた行動が、厳しく糾弾されるリスクが高くなっています。

セクハラは減少傾向にあるもののパワハラは

セクシュアルハラスメントは、２００７年より会社に発生防止措置が義務づけられており、会社も社員研修などを通じて、セクハラ防止対策を講じてきているのではないでしょうか。

その結果からか、目に見える統計上では、セクハラの発生件数は減少傾向となっています。しかしながら、パワーハラスメントについては、増加傾向にあります。

パワハラ対策の実施も企業に義務化されたが未だに…

２０２０年６月には、セクハラ同様、パワハラも企業に発生防止措置を取ることが義務化されました。しかしながら、未だにパワハラによる社員の自殺が発生しています。

今後は、さらにパワハラ防止対策の実行が厳しく求められることになるかと思います。第4章で詳述しますが、セクハラ、パワハラとも「酒に酔った勢いで」というのが済まされなくなるのは間違いありません。

そのため、これまで労務管理上あまり注目を浴びることがなかった飲酒についても、今後は社員の健康管理と、酔った勢いでといった好ましいとはいえない振舞いの双方からの危機管理が求められます。

たかがアルコールと大目にみる姿勢はＮＧ

どこの会社でも、歓送迎会や忘年会など、会社行事の一環として社員が集合してアルコールを摂取する機会があるかと思います。

酒が苦手な社員に対してアルコールを強要するような振舞いは、当然ＮＧですが、酒好きな社員に大量の飲酒をすすめることも、アルコールは少量でも健康に害を及ぼす可能性があることを踏まえれば避けるべきです。

また、酔った勢いでハラスメント行為をするなどの社員がいた場合は、会社として何らかの処分を下すなどの厳しい姿勢で臨むことが求められます。

アルコールは、人間関係の潤滑油となることも多いですが、企業の危機管理の観点からは大きなリスクと捉えて対応する必要があります。

年に1回でいいですから、アルコールが健康に及ぼす悪影響について全社員に啓蒙するとともに、酒に酔った勢いで不適切な言動をする社員には何らかの処分を下す可能性があることを周知するようにしてください。

たかがアルコールと大目に見ていると、会社が思わぬ危機に陥る可能性があります。

3　健康経営の視点

年々増え続ける社会保障費を減らすために何ができるのか

日本の少子高齢化に伴い、年を追うごとに必要となる社会保障費の額が増加しているという状況があります。

その社会保障費の内訳は、年金が5割、医療費が3割、その他の社会保障費が2割となっています。

人が歳をとるのは止めようがないため、主に高齢者に支給する年金については、その額を抑えることは難しいですが、医療費は、病気や怪我になる人の数を減らすことで、その額を抑制することが可能です。

そのため、会社に対し従業員の健康管理を厳しくし、病気や怪我になる社員を減らすことで、医療費を削減せよとの圧力が高まってくることが想定されます。

健康経営が推進されている

この流れは、健康経営の推進として、国の施策に現れています。

健康経営とは、アメリカの臨床心理学者・ロバート・ローゼン博士が提唱した概念で、従来、分断されていた「経営管理」と「健康管理」を統合的に捉え、個人の健康増進を行うことで企業の業績向上へつなげるというものです。

「会社は、社員の健康を増進することで、医療費を削減できるだけでなく、生産性低下の防止や企業の収益性向上など、様々な効果が期待できる。企業の利益追求と働く人の心身の健康維持を両立することが、社員個人の生活の質の向上のみならず、企業活力を高める」と謳われています。

健康経営の視点からもアルコールに対する社員の啓蒙教育が求められる

健康経営が今後さらに推進されれば、社員の健康にとって好ましくないものが槍玉に上がる可能性が高くなります。既にタバコは、健康に対する害が大きいとのことで、健康経営上も社員に禁煙が推進されています。

この流れから考えると、個人の嗜好品で、特に過度の飲酒が様々な病のもととなり、その治療に多額の医療費が投入されているアルコールが、次の標的になる可能性が高いのではないかと思います。

そうした健康経営の視点からも、アルコールが健康に及ぼす悪影響について、啓蒙を始めることが求められます。

第3章　危機管理外部要因とその対策

1　国内で想定すべき自然災害

自然災害に対しては普段から万全の備えをしておくことが求められる

日本をはじめ世界中が、予想だにしなかった新型コロナウイルス感染症という一種の自然災害に見舞われています。2020年からこのかた、新型コロナウイルス感染症の話題で持ちきりですが、日本は過去から地震をはじめ様々な自然災害に襲われてきました。

その歴史を踏まえ、企業活動への影響を最小限に抑えるべく、自然災害に対しては普段から万全の備えをしておくことが求められます。

地震予知は可能か

地震発生のメカニズムは、おおよそ解明されています。発生の原因は、大きく海溝型と直下型の2つに分かれます。

海溝型とは、日本列島に折り重なるように入り込んできているユーラシアプレート、太平洋プレート、フィリピンプレートなどが押されることで、ため込んでいた歪みが耐えきれず解放される際に発生します。この歪みが大きければ大きいほど解放されたときの反動も強く、2011年3月11日に発生した東日本大震災のような巨大地震を発生させます。

【図表４　企業を取り巻く自然災害のリスク】

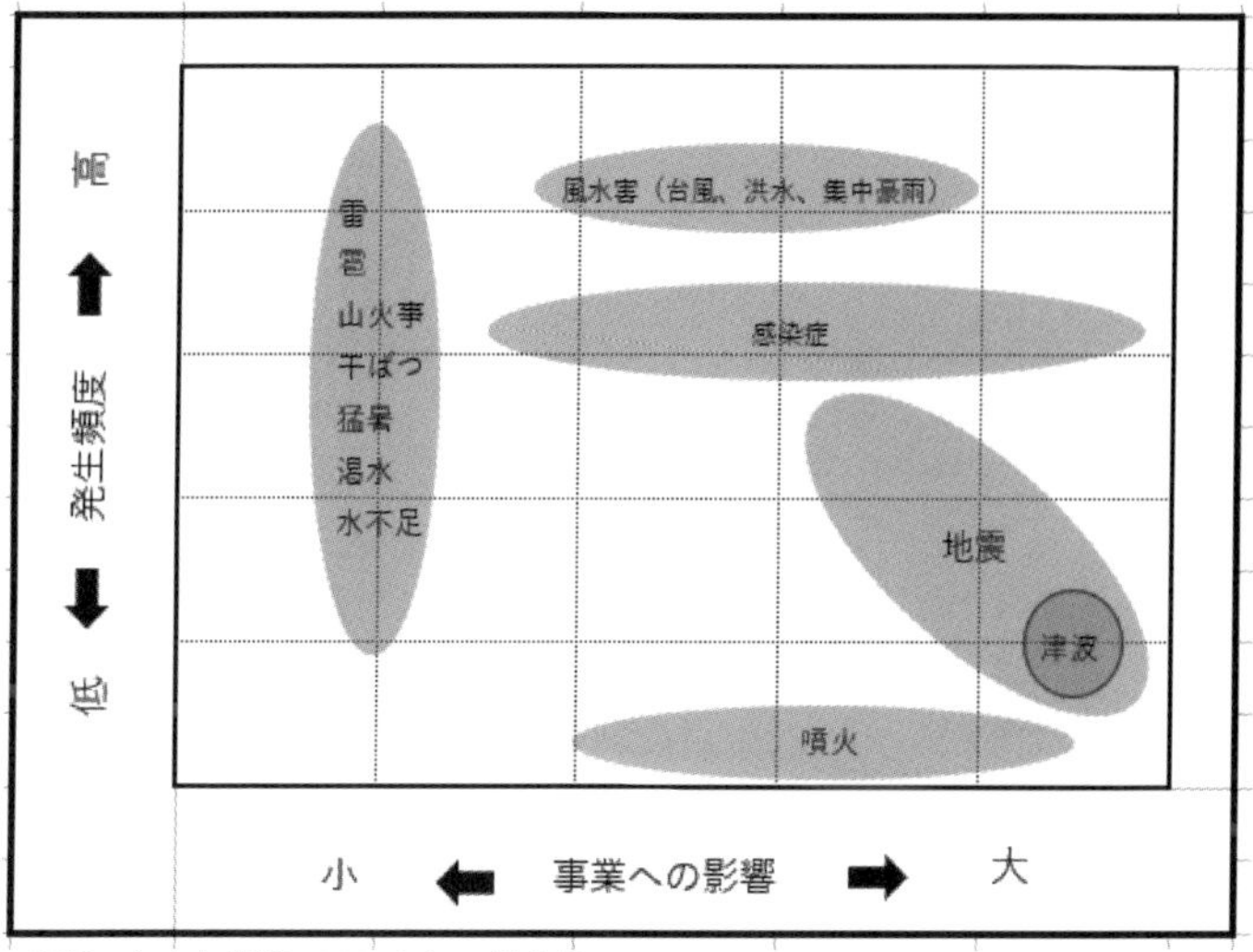

出所：中小企業等のＨＰより一部改変

もう1つの直下型とは、日本列島の各地にある活断層がずれることで、地震を発生させます。１９９５年1月17日に発生した阪神大震災がこれに該当します。

このように地震発生メカニズムについては、ほぼ解明されています。しかしながら、公式にはいつどこで地震が発生するか予知することは不可能と言われています。

ただし、非公式で地震予知を研究している民間の学者の方は多くおられ、それぞれが独自に精力的に研究を続けられています。

具体的には、ＶＨＦ電波や電磁波の観測を通じて地震を予知するなどの方法があるようで、各ＨＰにそれぞれの地震予知の手段、考え方も詳しく掲載されています。

根拠が明確で信頼性が高いと思われるものについては、リスクを最小化するとの考え方に立ちフォローしてみてもいいかもしれません。

地震に対する備え―南海トラフ、東海、東南海、首都直下型

日本では、どこにいても地震災害に被災する可能性があります。とりわけ、発生確率が高いとされている東海地震や東南海地震、南海地震、首都直下地震等の地域は注意が必要です。

いつ発生するかわからない地震は、施設等の物的被害だけでなく、従業員や顧客等に死傷者が発生する可能性もあります。

特に従業員とその家族に対する安否確認手段の確立等、応急対策の構築に関する検討が求められます。

津波発生時のハザードマップの確認を

津波は、単独で発生することはなく、海溝型地震に伴い発生するため、こちらは地震とは異なり、いつどこでどの程度の規模の津波が発生するのか予測することが可能です。

ただし、地震発生直後からしか予測できないため、沿岸に近いところで地震が発生すると、津波到達までの時間が短くなります。そのため、沿岸部での活動中に地震に遭遇した際は、すぐに高台に避難するとの行動が必須となります。

東日本大震災以降、各自治体がハザードマップを策定し、津波が発生した際の危険地域を明示し

ています。

南海地震では、大阪市の中心部、大阪駅付近でも2m近く浸水すると予想されています。東日本大震災では、津波により沿岸部が壊滅的な被害を受けました。

沿岸部に工場や営業所がある会社が対策を講じるのは当然ですが、関係先として、社員が沿岸部を訪問する機会があるのであれば、それら社員に対し津波発生を伝えるアラートを発する、安全な避難先をあらかじめ確認させておくなどの対策が必要です。

噴火に対する備え―日本は火山列島

日本列島には、現在111もの活火山があります。活火山は、過去1万年以内に噴火したことがある火山と定義されています。1万年というと遙か昔との感じがしますが、45億年もの悠久の歴史がある地球上の出来事としては、ほんの少し前というスパンでしかありません。

この111の活火山ですが、気象庁ではその中の50の活火山を常時観測・監視しており、さらに、41の火山については5段階に分けて噴火警戒レベルを発表しています。

特に注意が必要な火山ですが、霧島連山の新燃岳は2011年に大規模な噴火が相次いだ後、活動が低下していましたが、2018年3月以降噴火を繰り返しています。

2018年4月19日には、同じ霧島連山の硫黄山が1768年以来250年ぶりに噴火しました。

草津白根山の本白根山は、2018年1月に噴火し、スキー訓練中だった自衛隊員1人が噴石の直撃を受けて死亡したほか11人が重軽傷を負いました。

草津白根山には複数の火口があり、気象庁は過去に水蒸気爆発があった別の火口を監視カメラなどでモニターしていましたが、約３０００年にわたって噴火活動がなかった本白根山についてはノーマークでした。

２０１４年９月に噴火した御嶽山（岐阜県、長野県）は、レベル１と全く警戒していない中で噴火し、死者58人行方不明者５人の大惨事となりました。

噴火予知の精度はデータの蓄積度合いによって異なる

噴火予知は、ある程度可能とはなっているものの、火山によって大きく精度が異なります。年間数百回もの噴火を繰り返す桜島は観測データが蓄積されており、前兆現象に基づく噴火の発生予測が可能となっています。

しかしながら、何十年、何百年も噴火していない火山は、データが乏しく、噴火の予測が極めて難しいとのことです。そのため、「最近は噴火がなかった」「レベル１なら大丈夫」との思込みは大変危険です。

富士山が噴火したらどうなる

火山学者の間では、富士山はいつ噴火してもおかしくないと言われています。噴火に伴う溶岩の流出や火砕流などによる被害は限定的ですが、火山灰によって大きな被害が発生すると想定されています。

噴火の規模、風向きによっては、関東地方でも、10㎝の降灰があると想定されており、停電や交通機関の麻痺などの被害が長期間にわたるともいわれています。

活火山の近辺に会社施設があるところは避難訓練実施などの対策を

日本列島に存在する１１１の活火山すべてを警戒することは不可能かと思いますが、自社の営業所や工場が噴火によって影響を受ける恐れがあるところに立地しているのであれば、噴火時に慌てふためかなくてもいいよう、非常用の物資を備蓄しておく、年に１回避難訓練を実施するなどの対策を講じておく必要があるかもしれません。

台風に対する備え─台風の大型化・勢力強大化

近年は、地球温暖化の影響か台風の大型化による被害が毎年のように発生しています。台風は、事前に警戒が可能なため、適切な対応を実施すれば被害の予防・低減が可能です。

しかしながら、台風の進路によっては、長期間の停電が発生するリスクがあります。これまであまり台風被害を受けることがなかった地域においても、台風の大型化を見据え、停電を中心とした備えをしておくことが必要です。

水害に対する備え―集中豪雨発生頻度

気象庁によると、全国51の観測地点における1901年以降の観測データ解析では、1日の降水量が200ミリ以上の大雨を観測した日数は、増減を繰り返しながらも長期的に見れば明瞭な増加傾向を示しているとのことです。

1日に200ミリとの大雨は、例えば東京の平年の9月1月分の降水量が1日で降ることに相当する災害をもたらし得る大雨です。

また、1976年以降と統計期間は短いものの、空間的にきめ細かな観測を行っているアメダス（全国約1300地点）のデータによれば、「滝のように降る」1時間当り50ミリ以上の短時間の強い雨の頻度が長期的に増加傾向にあるなど、雨の降り方に変化が見られるとのことです。

都市部では、短時間の豪雨によって道路が冠水し、事務所の1階などの浸水リスクが高まっています。

感染症に対する備え＝コロナへの備えは万全か

新型コロナウイルスの蔓延により、感染症が事業活動に与える影響の大きさを目の当たりにしたことと思います。

新型コロナウイルスのように、日本中の事業活動が一定期間止まってしまうような影響は及ぼさずとも、感染症の原因となるウイルスや細菌の種類によっては、従業員が集団感染することによって、一定期間就業できなくなり、事業活動の停止や低下を伴う可能性があります。

今回の新型コロナの蔓延は、全くの想定外で、会社として事前に対策を検討していなかったとの声を聞きます。今回の新型コロナの蔓延は、本当に想定外の事態だったのでしょうか。

２００９年に新型インフルエンザが一部で猛威を振るいました。その際に感染症の蔓延に対するリスク管理の観点から、事前の対策をしていた会社は、今回のこのコロナ禍にあっても、テレワークの導入をはじめ、様々な対策を講じることができたのではないでしょうか。

2　災害発生時に威力を発揮するテレワークの導入

テレワーク制度の整備

民間会社の調査によると、新型コロナの蔓延に伴う対策で、やっておけばよかったものの第1位として、テレワーク制度の整備が挙げられていました。

新型コロナウイルスの蔓延を受け、政府の強い推奨もあり、テレワークを導入した会社も多いと思いますが、導入前に最低限必要な準備があります。

大阪府のA商事株式会社（従業員約３００人）の事例ですが、導入準備が全く整わないまま、1回目の緊急事態宣言中にテレワークを導入しました。しかしながら、社員にパソコンなどの業務用の端末を貸与できなかったため、テレワークといいながら実質は自宅待機の状態で、全く業務を遂行することができず、また、一部簡単な業務指示をしていたので、実質休業状態でしたが、この間の雇用調整助成金の申請を断念せざるを得なくなり、大きな損失を被りました。

災害は感染症だけではありません。先述したように、日本で事業を展開する限り、地震や台風などの自然災害に遭遇するリスクを避けることができません。リスク管理の観点からも、会社への出勤を必要としないテレワークの導入は非常に有効です。

テレワーク導入時の労働時間管理と人事評価のポイント

コロナ禍において、社員の感染を防ぐため、テレワークを導入した会社も多かったことと思います。政府が、テレワーク導入を支援していることもあり、東京都が実施した従業員30人以上の企業における2020年4月のテレワークの導入率は62・7%にのぼっています。

社員は、テレワーク導入により通勤時間が大きく減少することから、効率よく働くことが可能になります。

また、会社にとっても、都心部に広いオフィススペースを構える必要がなく、家賃負担の軽減につながることから、テレワーク導入が会社の生産性向上に寄与している面が多々あるのではないかと思います。

ただし、問題がないわけではありません。コロナ禍に伴い、急遽テレワークを導入した会社は、その間の社員の労働時間管理は万全だったでしょうか。また、テレワーク中の社員の評価をどのようにするのかについて、十分検討していたでしょうか。

テレワーク時も出勤時と同様の労働時間管理が求められる

テレワークであっても、労働者には労働基準法が適用されます。すなわち、1日の労働時間は8時間までですし、1週間の労働時間は40時間が上限です（一部の業種を除く）。

これらの時間を超えて社員に仕事をさせる場合には、時間外手当、いわゆる残業代を1日であれば8時間を超えた時間に応じて社員に支払う必要があります。

テレワーク下では客観的データに基づく労働時間管理が難しい場合も

会社に出勤しているときであれば、タイムカードによる出退勤管理など、客観的手法で社員の労働時間を管理することができました。

そのため、残業代についても、時間外業務の時間に応じて、きちんと支払われていたことと思います。

しかしながら、テレワーク下にあっては、これまで有効だった個々人の労働時間を客観的に把握する手段が使用できない可能性があります。

特に、事前に十分な準備もなくテレワークを始めた会社などでは、社員の勤務時間をどのように管理すべきか頭を悩ませたところも多かったのではないかと思います。

社員による残業代の不払い告発でブラック企業とのレッテルを貼られる恐れも

労働時間管理がきちんとできていないことでまず問題となるのは、残業代の支払いです。万が一、法定の労働時間を超えて社員を働かせたにもかかわらず残業代を支払っていない場合、会社は労働基準法違反に問われることになります。

もし、不払い残業の実態があるとして社員が外部に告発し、それがマスコミ報道などで公になると、会社はブラック企業とのレッテルを貼られてしまうことになりかねません。

1度ブラック企業とのレッテルを貼られてしまうと、そのイメージを払拭するのは容易ではありません。社員が世間から白い目で見られるだけではなく、新卒学生の採用にも影響し、優秀な学生が採用できず、長期的に会社が低迷するきっかけとなる恐れもあります。

未払残業代は過去3年に遡って支払義務がある

また、2021年4月の民法改正で、賃金未払債権の時効が2年から3年に延長されました。すなわち、これまでは、もし何らかのミスで残業代の未払いが発生しても、発生した時点から2年遡り、未払相当額に遅延損害金をプラスして支払えばよかったものが、今後は、3年遡って支払う必要があります。

もし、会社全体でテレワークを導入し、対象となった社員全員の労働時間管理がきちんとできておらず、全社員の未払残業代3年分を一括で支払うとなると、会社の資金繰りに大きな影響を与えてしまうかもしれません。

このように、労働時間管理については、厳密に実施しないと、会社に多大なリスクをもたらす可能性があります。

テレワーク下では上司が部下の労働時間をしっかり管理することが重要

したがって、テレワーク下であっても、実際に出勤しているときと同様に労働時間管理をする必要があります。

始業終業時および休憩時については、あとで検証可能となるよう、必ずメールで上司に連絡するなどのルールをテレワーク導入前に定めておく必要があります。また、残業が必要となる場合には、社員の判断で勝手に残業させるのではなく、事前にメールで上司に残業申請をし、上司が認めたもののしか残業とはしないなどのルールも定めておくことが必要となります。

時間単位有給休暇制度の活用で「中抜け」に対応を

テレワーク下では、上司や周囲の目がないため、自由に仕事ができると思われがちですが、基本は、会社で勤務しているときと同様の働き方が求められます。

しかしながら、自宅でテレワークをしている際には、ちょっとした買い物に出ることや金融機関に振込みに行くなど、普段会社での勤務中にはできないことも、自宅でテレワークをしているからこそ可能となることもあります。

このようなちょっとした時間を自由に使えるようにするには、時間単位の有給休暇を活用します。

時間単位の有給休暇は1休暇年度当たり5日間まで

有給休暇は、本来まとまって労働から離れる時間をつくることで、労働者を心身ともにリフレッシュさせるというのがその趣旨です。そのため、有給休暇の取得は、半日単位で取得することは認められても、時間単位での取得は認められていませんでした。

しかしながら、昨今の働き方改革の気運を受け、２０１０年より時間単位での有給休暇の取得が可能となりました。ただし、保有している有給休暇が10日だとすると、その10日すべてを時間単位で取得することはできません。１休暇年度当たり５日間までとの縛りがあり、10日有給休暇を保有しているのであれば、５日までを時間単位で取得することが可能となります。

また、時間単位での有給休暇制度を導入するに当たっては、事前に労使で協議の上、有給休暇の時間単位での使用に関する協定の締結が必要なので注意が必要です。

自宅で勤務中に負傷した際の対応は

業務時間中に社員が怪我をした場合は、業務上の災害として労災保険給付（労災）の対象となります。テレワークで自宅やカフェなど、会社以外の場所であっても、勤務時間中であれば労災保険の対象となります。

例えば、自宅で所定労働時間にパソコン業務を行っていたが、トイレに行くために作業場所を離席したあと、作業場所に戻り椅子に座ろうとして転倒して負傷した場合などについても対象となります。


業務時間中の怪我は本人の申告に基づき労災を申請する

社内とは違い、自宅で誰も見ていないところでした怪我は、本当に業務に関連したものなのかと疑ってしまいがちです。

そのため、労災の認定は、慎重にしたいと考えがちですが、会社として定めた業務時間内での怪我であれば、多少疑念が残っても、本人の申告に基づき当局に労災の申請をしましょう。

労災の申請をすると、後から労働基準監督署の調査があり、面倒なことになると考えがちです。社内で発生した怪我であれば、オフィス内の整理整頓が行き届かず、通路においていた物にひっかかるなどが原因であれば、労働基準監督署の立入検査で、会社の安全配慮義務違反として指導を受ける可能性があります。

しかしながら、自宅で発生した事故であれば、会社として安全配慮義務違反に問われる可能性はまずありません。労働基準監督署の目を気にして、労災を申請しないのではなく、基本業務時間内における自宅での負傷については、労災と認められるので、きちんと申請しましょう。

業務上での怪我は健康保険での受診は不可。労災対応病院での受診を

業務上の怪我は、普段の病気や怪我で使用している健康保険は使用できませんので、注意が必要です。自宅勤務中に社員から労災を疑われる怪我の報告があった際には、健康保険は使用しないように指導し、労災を扱っている病院・医院を受診するよう連絡します。

また、労災には、窓口で治療費を払わず怪我の治療を受けることができる現物給付以外に、もし怪我の後遺症が残れば、障害補償給付として、別途お金が支給される制度があります。

業務上の怪我に対しては必ず労災の申請を

軽い怪我で、労災を申請するのが面倒だからといって、社員に労災を使用させず、健康保険を使用させると、万が一、後から後遺症が発生したときに、該当社員は労災であったら認められていた障害補償給付を受給することができなくなります。

そのことが原因で、該当社員から訴訟を起こされるリスクがありますので、労災が疑われる事案については、労災適用を申請するということが、後のリスクを回避する上で重要となります。

子どもの世話をしながら、介護をしながらは勤務となるのか

コロナ禍の前から、働き方改革が推奨され、長時間残業の温床ともなっていた非効率な働き方からの脱却が求められています。

コロナ禍にあっては、テレワークによる働き方が推奨されていますが、なし崩し的に導入されたテレワークは、コロナ禍における緊急避難的意味合いが強いため、育児をしながら、介護をしながらの勤務が認められているかもしれません。

しかしながら、本来テレワークは、会社と変わらない環境で、集中しての業務遂行が求められるものです。そのため、状況が一旦落ち着いたならば、テレワーク中は、業務に支障のない環境の中で、業務に集中するよう徹底させることが必要となります。

通勤不要のテレワークの活用で育児・介護従事者は仕事との両立がしやすくなる

働き方改革の文脈の中で、テレワークの利用が語られることがありますが、これは、自宅で働きながら子どもの面倒を見る、介護をするといった意味ではありません。

小さい子どもを育てている共働き家庭の場合であれば、毎朝保育園に子どもを預けに行く、介護をしている共働き家庭の場合であれば、要介護者をデイサービスに預けてから出勤することになるかと思います。

そのような方々は、通勤時間不要のテレワークを活用することで、効率よく働くことが可能となります。

働き方改革において、育児・介護従事者のテレワーク活用が推奨されたのは、働き方に余裕を生み出し、育児・介護と仕事を両立しやすくするためとの理由です。

【図表5　裁量労働制の要件】

	専門業務型裁量労働制	企画業務型裁量労働制
対象	専門性が高い業務に従事する労働者 （例）・新製品や新技術の研究開発 ・情報処理システムの設計 ・人文科学や自然科学の研究	事業の運営に関する事項についての企画、立案、調査および分析の業務い従事する労働者 （例）・企業の企画部門で経営環境を調査分析し、経営計画を策定する労働者
労働時間	労使協定で定めた時間を労働したものとみなす	労使委員会の決議で定めた時間を労働したものとみなす

原則、例外は認めず、テレワーク中は全社員が業務に集中することが求められる

もし、緊急避難的にテレワーク活用として、本来の業務時間中に育児や介護の時間を認めてしまうと、すべての時間集中して勤務している社員とのバランスが取れなくなります。

最終的には、集中して勤務している社員からの不満やクレームにより、社内の一体感が損なわれ、社員のモチベーション低下リスクを生み出すことになります。したがって、テレワーク時であっても、業務時間中は全社員が業務に集中するとの意識を高めることが、無用なリスクを避けることになります。

テレワークと相性がよい裁量労働制の積極活用を

労働基準法では、労働時間の管理が必要ない働き方も認められています。それが裁量労働制です。裁量労働制は、専門業務型と企画業務型の2種類が認められています。裁量労働制は、社員であれば誰でも適用が認められているわけではなく、それぞれ認められるための要件が決まっています。

この働き方は、深夜・休日労働を除き、労働時間管理の必要がないため、テレワークと大変親和性が高い働き方です。要件に合致する社員については、裁量労働制を適用することで、上司や人事部の労務管理の手間を一部省くことが可能になります。

高度プロフェッショナル制度の活用も

また、一定以上の年収（1，075万円以上）要件を満たしている社員であれば、2019年4月より創設された、高度プロフェッショナル制度の適用により、労働時間管理が不要になります。ただし、適用できる職種が次の5種類に限られていますので、注意が必要です。

① 金融工学等の知識を用いて行う金融商品の開発の業務
② 資産運用（指図を含む。以下同じ）の業務または有価証券の売買その他の取引業務のうち、投資判断に基づく資産運用の業務、投資判断に基づく資産運用として行う有価証券の売買その他の取引業務または投資判断に基づき自己の計算において行う有価証券の売買その他の取引業務
③ 有価証券市場における相場等の動向または有価証券の価値等の分析、評価またはこれに基づく投資に関する助言の業務
④ 顧客の事業の運営に関する重要な事項についての調査または分析およびこれに基づく当該事項に関する考案または助言の業務
⑤ 新たな技術、商品または役務の研究開発の業務

【図表６　残業、深夜・休日勤務の位置づけ】

実労働時間やみなされた労働時間が法定労働時間を超える場合 法定休日に労働を行わせる場合	▷	36協定の締結、届出および割増賃金の支払いが必要
現実に深夜労働した時間	▷	深夜労働にかかる割増賃金の支払いが必要

残業、深夜・休日勤務の位置づけの明確化

労働時間管理の必要がない裁量労働制であっても、深夜・休日の労働時間管理は必要です（高度プロフェッショナル制度は除く）。

一般の社員には、これに加えて残業時間の管理も必要となります。そのため、残業が発生する恐れがあるのであれば、きちんと労使で36協定を締結しておく必要があります。

長時間労働抑制に向けた取組み

テレワークは、会社への出退勤という行為がなくなるため、プライベートな時間と労働時間の切替えがうまくいかなくなる者も出てきます。

会社の管理者として特に注意が必要なのは、長時間労働です。自宅で業務を進めていると、自分のキリがいいところまで、延々と業務を続けてしまう社員が少なからず発生する恐れがあります。

この状況を放置しておくと、会社が把握していない残業時間が

発生し、当局の調査が入った際、その時間が残業時間と認定され、遡って残業代を支払わなければならなくリスクと、万が一、そのような社員に健康被害が発生すると、会社が長時間労働を放置したとして、安全配慮義務違反に問われるリスクが発生します。
これらリスクを避けるため、長時間労働とならないよう、テレワーク下であってもきちんと社員の労働時間を把握しておくことが必要です。

長時間労働抑制に向けて推奨する対策

長時間労働抑制に向けた具体策としては、次のようなものがあります。

①　メール送付の抑制
役職者から時間外、休日または深夜におけるメール送付の禁止を徹底。

②　システムへのアクセス制限
深夜・休日は、社内システムへのアクセスを制限する。

③　テレワークを行う際の時間外・休日・深夜労働の原則禁止
36協定締結の仕方を工夫する。

④　長時間労働を行う労働者への注意喚起
管理者が部下の労働時間の記録を踏まえて注意を促す。労働管理システムを活用し、対象者に自動で警告を発する。

成果で評価する制度の導入を

テレワーク下では、上司は社員の働きぶりを見ることができません。社内で上司の目が届く範囲であれば、例えば、困っている者に積極的に支援をしている様子や皆が敬遠する仕事を積極的に引き受けているといった部下の姿を見て、評価を下すことができます。

しかしながら、テレワークでは、上司はそれら部下の姿をつぶさに観察することができなくなります。そのため、今後、テレワークが定着するようになると、部下の協調性や自己犠牲で会社に尽くすといった人物評価的観点ではなく、テレワーク中にどのような成果を上げることができたのかといった観点からの評価が必要となります。

総務省「テレワーク運用ガイド（企業のマネージャー向け導入ガイド）」には、仕事内容、コミュニケーションの方法等により、オフィス勤務のときと同様に評価することも可能だが、「人物評価」重視から「仕事や業績評価」の成果主義重視に移行することも考えられると記載されています。

そのため、テレワーク導入時には、部下を正当に評価すべく、成果主義への移行を検討することも必要です。

テレワーク下で正当な評価ができるよう成果主義の導入を検討

正当な評価の有無は、社員のモチベーションに大きく影響します。テレワークを導入したことで、あいまいな評価となってしまい、従業員のモチベーションが低下すると、会社の生産性に影響します。

そのようなリスクを避けるため、テレワークに適した制度として、成果主義の導入を検討します。

成果主義とは、業務の成果やその成果に至るまでの過程に対する評価によって、給与や昇格などを決定する人事制度です。

成果主義は、結果のみを重視する実績主義と混同されがちですが、成果に至るまでのプロセスも合わせて評価することで、実績主義に陥ることを防ぐことが可能です。

成果主義の下では、年齢や勤続年数などによって待遇が決められるのではなく、成果が昇給や昇格につながるため、社員のモチベーションの維持、生産性の向上につながると考えられています。

成果主義導入を早急に進めることで従業員のモチベーション低下を回避

成果主義を導入するとなると、これまでの賃金・評価制度を大きく変革する必要があり、長期的な観点から時間をかけて導入に向けた検討を進めていく必要があります。

しかしながら、このコロナ禍をきっかけにテレワークを導入した企業は、早急に導入の検討を進めることで、社員のモチベーション低下リスクを回避することが求められます。

成果主義の浸透により、生産性の向上が見込める

成果主義が浸透すると、社員の働き方にも変化が出てきます。例えば、「仕事は終わっていても早く帰ると評価が落ちるのではないか」などの理由から、無駄な残業、休日出勤を繰り返す社員が一定数いるかと思います。こうした行動は、残業代の増加を招き、会社に損害を与えます。

成果主義によって評価軸が定まっていれば、「成果に伴わないような残業はしない」との共通認識が社内に広がり、無駄な休日出勤や残業を減らすことができます。生産性向上の観点からも、成果主義の導入は有益です。

成果主義導入に当たっては適切な評価制度の導入・運用が必要

成果主義は、社員が上げた成果を評価し、その評価とプロセスに応じて報酬を支払う制度です。「成果を上げた社員は報酬が上がる」との原理をきちんと社内に定着させるためには、評価制度を成果主義導入に合わせて変更する必要があります。

成果主義は、成果の有無が従業員の報酬に多大な影響をもたらす制度です。そのため、制度設計や運用を間違えると、従業員のモチベーション低下をきたしてしまいます。

そうならないために、成果主義導入に当たっては、まず、適切な評価制度を導入・運用する必要があります。

目標管理制度の導入で成果を認定

評価制度を成果主義導入に伴い変更する際に、一番重要な点は、成果の認定です。まずは、どの

【図表７　目標管理の年間スケジュール】

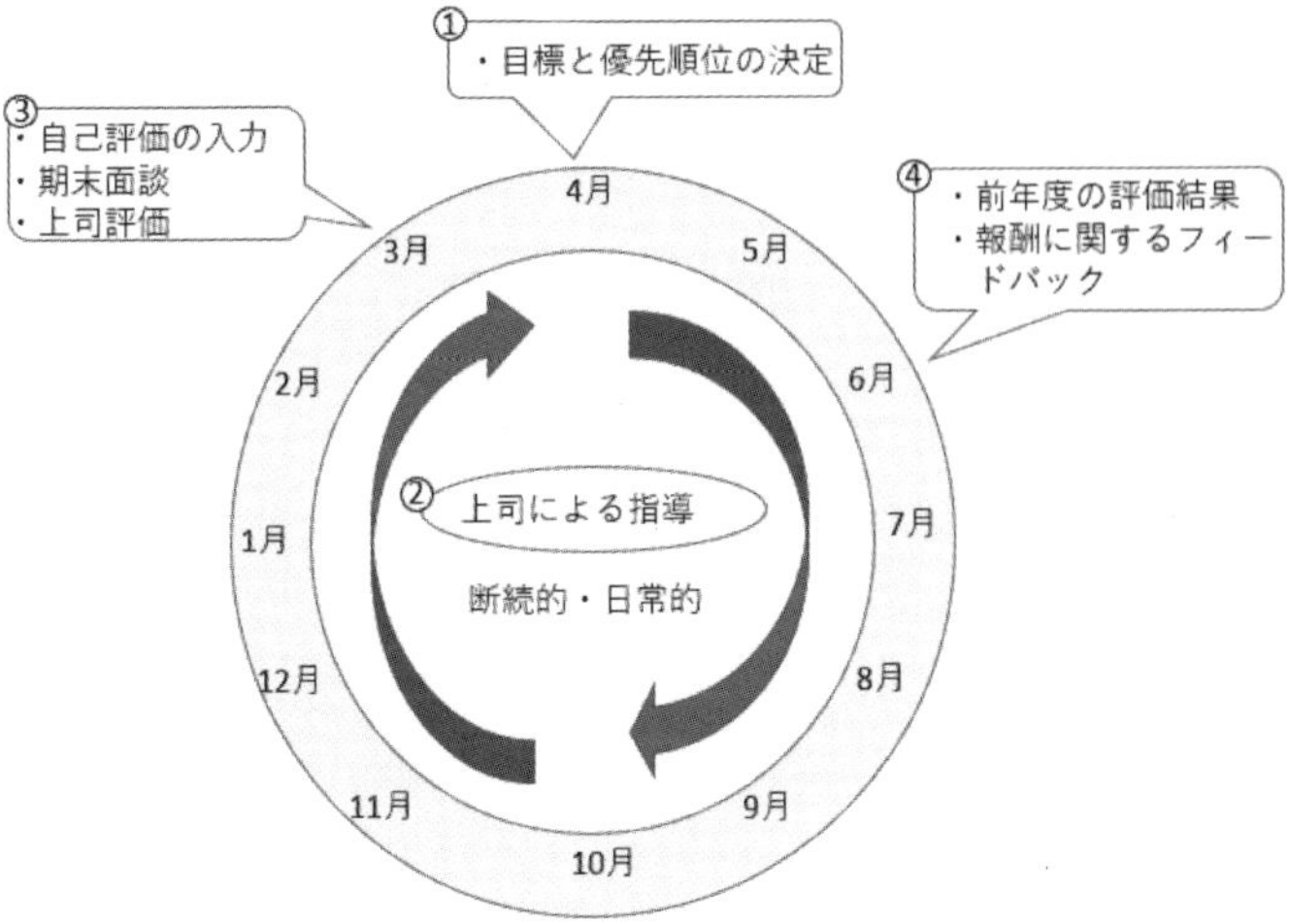

ように社員の成果を認定するのか検討します。

一番オーソドックスなのは、目標管理制度です。成果を認定する期間（半年・１年）にどのような成果を上げるのかについて、社員に目標を設定させ、それを上司が認定するとのプロセスを踏みます（図表７参照）。

目標確認チェックシート

部下と共有する目標については、図表８の目標確認チェックシートを参考に、いつまでに、何を、どの程度といった、数字で客観的に把握できるものを設定します。

目標達成難易度に差がつかないよう人事部などがチェック

この目標管理制度は、掲げた目標の達成・未達成が直接社員の報酬額に影響することになりま

【図表8　目標確認チェックシート】

1	具体的な条件や制約を特定し、具体的な目標および利益を確認する	・誰が関わっているのか？ ・何を達成するのか ・いつまでに
2	結果測定が可能か確認する	・金額は ・数量は ・達成可能時期をどのように知るのか
3	達成可能な目標か確認する	・どんな支援が必要か ・想定される障害は何か
4	会社や所属組織の目標と関連があるか確認する	・上司も関連する目標を設定しているか ・ビジネスにどのような価値があるか ・部門／会社全体の目標に沿っているか
5	期限を明確にする	・記録・測定可能な達成予定日を設定しているか ・目標達成に向けた課題を小さなステップに分割

す。したがって、一番注意が必要なのは、上司によって目標達成度に難易度の差がつくことです。

そのため、各部署の上司と部下が共有した目標については、その達成難易度に差がつかないよう、必ず人事部などがチェックし調整する必要があります。

業務遂行過程についても評価することで公平性を保つ

また、単なる結果だけで社員を評価してしまうと「担当業務の難易度」が無視されてしまいます。すなわち、簡単な仕事で100％の達成率を記録した社員は、難しい仕事で80％の達成率を記録した社員よりも無条件で評価されることになります。

さらには、社員が長期的なプロジェクトを担当しており、すぐに結果が出なくても会社の将来に大きく貢献している場合も、評価対象から外されてしまいます。

そのため、社員の業務遂行過程についても会社が評価することで、公平性を保つことが必要です。

【図表９　部・会社全体の目標との紐づけ】

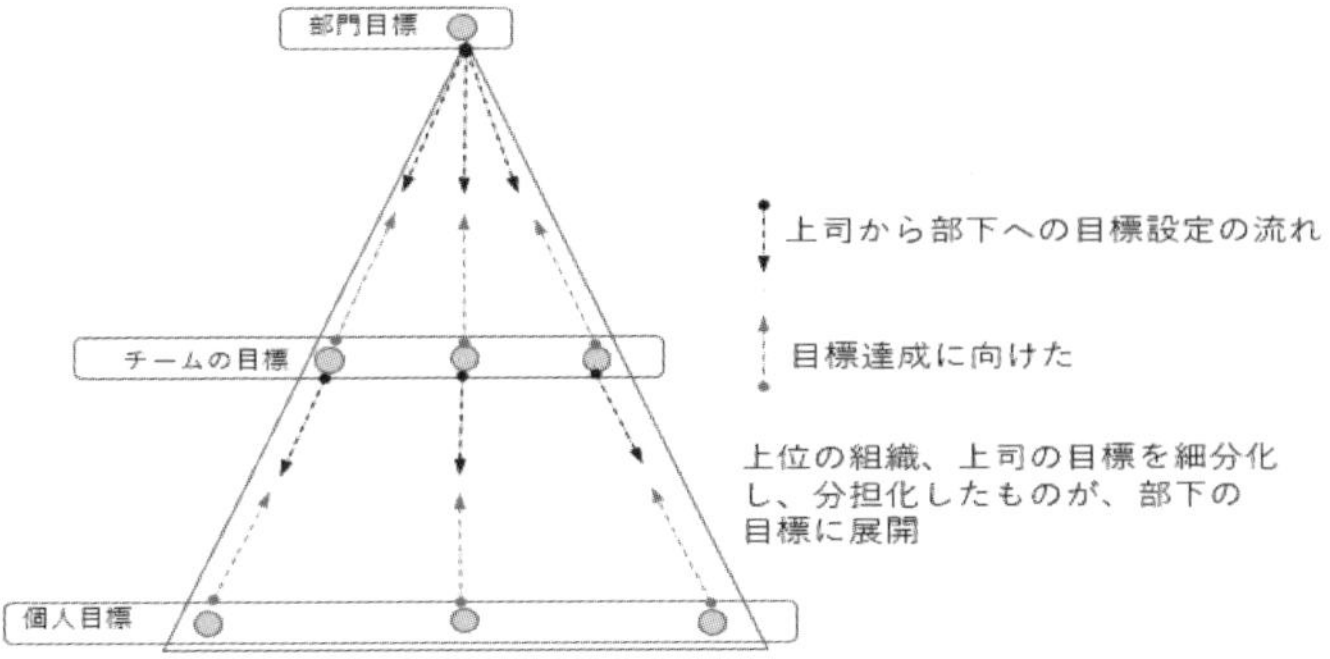

個人主義やセクショナリズムを排すため部下の目標を部全体・会社全体の目標と紐づける

「成果主義」と聞くと、ネガティブなイメージを持つ方も一定数おられるのではないかと思います。かつて成果主義がもてはやされ、大企業を中心に導入した会社も多く存在しました。

成果主義を導入した企業でよく問題になるのは、「社員が自らの目標達成にのみ注力し、同じチーム員と協力関係を築かなくなった」や、「自らが所属する部署の目標達成にのみこだわるあまり、全体最適を目指すのではなく、自らが所属する部署にとってベストとなるよう行動してしまう」といった点です。

成果主義導入に際しては、チームワーク意識の希薄化や、セクショナリズムは極力廃さなければなりません。そのためには、部下が掲げた目標を部全体・会社全体と紐づけ、部下が掲げた目標が会社全体の成績に寄与する形で目標設定をすることが重要となります（図表９参照）。

成果を直接報酬に影響させるのは賞与が最適

成果を直接報酬に影響させるのは、賞与が最適です。将来的には社員の昇給・昇格・減給・降格についても、年齢や能力といった要素を極力廃し、上げた成果とそのプロセスで評価する成果主義に基づく制度を導入することで、会社生産性のより一層の向上を目指します。

そのためには、各人の職務内容を明確化することや、会社としてどういった行動を評価するのかなどを具体的に定める必要があります（図表10参照）。

【図表10　成果を報酬に反映】

成果責任項目	ウエイト	評価基準	目標達成に向けとった具体的行動	結果	評価		上司コメント
（例）テレワーク移行に伴い不必要な経費を洗い出すことで、部内全体で5%の経費を削減する	25%	S　8%削減できた A　5%削減できた B　3%削減できた C　削減できなかった			自己評価		
					上司評価		
・・・・・					自己評価		
					上司評価		
・・・・・					自己評価		
					上司評価		
・・・・・					自己評価		
					上司評価		
・・・・・					自己評価		
					上司評価		

S　自身の職務レベルに基づく基準レベルを超えた業績を上げ、社内の誰もが「抜群である」と認める内容であった
A　自身の職務レベルに標準的に期待される業績をかなり上回る業績があった
B　仕事量・出来映えともに、自身の職務レベルに標準的に期待される業績を満たすものであった
C　仕事量・出来映えどちらかの面で、自身の職務レベルに標準的に期待される業績を満たさなかった
D　仕事量・出来映えともに、自身の職務レベルに標準的に期待される業績に比べ全く不十分であった

これには非常に時間と手間がかかるため、まずは成果による報酬の上下を反映させやすい賞与制度から導入します。

具体的には、目標の達成度を５段階程度に分け、期初に設定した目標の達成度により１３０～70％程度まで賞与の金額に差をつけると、社員の納得感が高まります。

賞与面での評価に成果主義を導入することで、会社全体へ成果主義の考え方の浸透を図りつつ、時間をかけて昇給・昇格面における評価制度を構築するとのプロセスが有効です。

成果が上がらない社員には上司が折に触れて仕事の進捗や中間段階での成果をチェック

成果主義を導入したからといって、全社員がこれまで以上の成果を上げられるとは限りません。中には、思ったように成果を上げることができない社員も出てくると思います。そのような社員には、成果主義を導入したからといって何もかも社員に丸投げするのではなく、上司が仕事の進捗や中間段階での成果の出来映えについて、タイミングよく折に触れてチェックする必要があります。

上司は、毎日顔を合わせているわけではないので、部下に声をかけるタイミングを逸しがちとなりますが、的確なフォローをすることで、部下が成果を上げる後押しをすることができます。

上司が求める仕事に絞ってその進捗を確認

成果が上がらない社員は、往々にして、仕事の優先順位をつけることが苦手です。社員は、１つの仕事だけに集中しているのではなく、多くの社員は何らかの仕事を並行して進めているのが常かと思います。

成果が上がらない社員は、会社にとって重要かつ上司が求めている仕事であっても、自分の好き嫌いや、得手不得手で仕事の優先順位を判断しがちです。

そのため、会社や上司が期待している仕事であっても、自分が嫌いや苦手な分野なものであると、それらの仕事の優先順位を下げ、さほど期待していない自分の好きや得意な仕事から進めがちになります。

そうならないよう、上司が求める仕事に絞ってその進捗を確認します。思ったより仕事が進捗していないようであれば、具体的な仕事を特定し、期日を明確にして処理するよう指導します。

成果主義とコンプライアンス遵守

成果主義とテレワークは大変親和性が高いのですが、「序章」のパートで記載したように、成果主義を徹底し過ぎると、コンプライアンス遵守の意識が薄れる危険性があります。

企業における利益追求とコンプライアンス遵守の考え方については、第5章で詳述します。

セキュリティ対策の3本柱

ここまで、労務管理およびそれに関連する賃金・評価面からテレワーク導入に関する事前準備を見てきましたが、テレワーク導入にはインフラ面での整備やセキュリティ対策が必須です。

そのセキュリティ対策は、大きく次の３つに分けられます。

(1)　ルールによるセキュリティ対策

社内の紙媒体資料（非電子化資料）の持出しに関するルールの設定など、テレワーク時の行動のルールを決定します。

具体的には、次について検討します。

- ●自宅における作業環境、ＰＣの保管および管理方法
- ●自宅における休憩中のＰＣの取扱い（ロックだけでいいのか、保管して要施錠か）
- ●モバイルワークにおけるＰＣの管理方法（体から離さない、のぞき見防止フィルターをつける）
- ●オフィスから持ち出すＰＣの管理（暗号化、BIOS パスワードなどの義務づけ）
- ●オフィス以外での情報管理（紙情報の管理、共用スペースでの情報管理）

(2)　物理的セキュリティ対策

監視カメラや入退出管理といった盗難防止策や、施錠棚やシュレッダーによる情報漏洩防止策などを導入・徹底します。

自宅などにおいても、物理的セキュリティ体制を実施する必要があります。自宅に会社貸与のＰＣを施錠管理する棚があるか、執務中の家の立入りは不特定多数ではないかなどについても検討します。

万が一、会社ＰＣが盗難に遭うような事態は、絶対に発生させないような管理体制を敷くことが求められます。

⑶　技術的なセキュリティ対策

ウイルス対策ソフトやサービスの利用、情報の暗号化、ログインの複雑化などの対策が必要となります。

具体的には、次の３つを検討します。

①　アクセスの管理・制限

パスワードが単純なＰＣは、第三者による不正なアクセスや攻撃を受けやすくなってしまいます。不正アクセスや攻撃を受けると、その対象となったＰＣに限らず、組織全体のデータ等の情報資産に対する改ざん・破壊・情報漏洩等が発生する恐れがあります。そのため、次のような対策が必要となります。

・システムおよびアプリケーションへのアクセスが従業員本人によるものであることを認証すること（本人認証）
・あらかじめ登録されている端末からのみアクセスを許可すること（端末認証）
・従業員に貸与しているＰＣなどの端末情報を一元的に管理すること（端末管理）

②　暗号による管理

たとえPCを紛失したり、盗難に遭った場合でも、すぐに情報が漏洩するリスクを防止します。

具体的には、次のような対策が求められます
・ハードディスク（HDD）を暗号化する
・携帯電話等にセキュアコンテナ（暗号化された企業用の業務データエリア）を作成するソフトを導入する
・情報を持ち出す際には情報漏洩対策付USBメモリを使用する

③　ネットワークのセキュリティ

自分のパソコンなどの端末から社内システムにアクセスするに際しては、外部ネットワークを介してアクセスすることになります。そのため、外部ネットワークを利用する際には、定められたVPN回線に接続してアクセス（暗号化通信）をするルールやシステムを導入します。

ウイルス感染や盗聴の危険性がある公衆Wi-Fiは利用せず、通信キャリアが提供するモバイルルーターを利用するといったルールを策定することが必要です。

これらをまとめると、図表11のようなテレワーク時のルールを策定することが求められます。

【図表11　テレワーク時のルールを策定】

①　オフィス外を移動するときは、必ずＰＣを鞄に入れて常時携帯する
②　ＰＣのハードディスクにファイルを保存しない
③　ハードディスクを暗号化する

④　社外環境で印刷出力しない
⑤　インターネット接続は会社支給のモバイルルーターからのみとする
⑥　社内環境へは暗号化通信を利用して接続する
⑦　のぞき見防止フィルターを必ず接続する
⑧　ＰＣを持ち帰る際には上長に必ずメールで報告する
⑨　Ｗｅｂ会議等の音声が発せられるときは、周囲に聞かれないよう注意する

テレワークに関する技術的なサポートなどの情報については、テレワーク協会のHP（https://japan-telework.or.jp/）なども参考にしてみてください。

3　ＢＣＰ（事業継続計画）の策定が会社を守る

ＢＣＰ策定により廃業や事業縮小のリスクを避ける

ＢＣＰ（Business Continuity Plan）とは、会社が自然災害や大規模テロなどの緊急事態に直面したような状況にあっても、事業を絶えることなく継続させていくための手段や手法などを取り決めておく計画のことです。

緊急事態は突然発生します。策定したＢＣＰに基づき、有効な手立てを講じないと、会社は、廃業や事業縮小のリスクに直面することになります。

ＢＣＰ策定状況のチェック

まずは、図表12のＢＣＰ策定状況のチェックシートで、自社がどのような状態にあるか把握します。

【図表12　ＢＣＰ策定状況チェックシート】

番号	項目	チェック
1	緊急事態発生時に、従業員の安全や健康を確保するための災害対応計画を作成していますか？	□
2	災害が勤務時間中に起こった場合、勤務時間外に起こった場合、従業員と連絡を取り合う手段を準備していますか？	□
3	緊急時に必要な従業員が出社できない場合に備え、業務代替可能な従業員を育成していますか？	□
4	会社のビルや工場は地震や風水害に耐えることができますか？　そして、ビル内や工場内にある設備は地震や風水害から保護されますか？	□
5	会社周辺や営業中の従業員の地震や風水害の被害に関する危険性を把握していますか？	□
6	工場の操業不能、仕入先からの原材料の納品が途絶等に備えていますか？	□
7	1週間又は1ヵ月程度、事業を中断した際の損失を把握していますか？	□
8	1ヵ月分程度の事業運転資金に相当する額のキャッシュフローを確保していますか？	□
9	情報のコピーまたはバックアップをとっていますか？	□
10	会社のオフィス以外の場所に情報のコピーまたはバックアップを保管していますか？	□
11	緊急事態に遭遇した場合、会社のどの事業を優先的に継続・復旧すべきであり、そのためには何をすべきか考え、実際に何らかの対策を打っていますか？	□
12	責任者が出張中だったり、負傷したりした場合、代わりの者が指揮をとる体制が整っていますか？	□

出所：中小企業庁ＨＰより。一部改変。

ＢＣＰ策定手順

ＢＣＰ策定手順の大まかな流れは、図表13のとおりです。この順番で必要事項を策定していきます。

① 基本方針の策定

例えば、「本計画は、緊急事態（自然災害の発生や感染症の蔓延等）にあっても、従業員およびその家族の安全を確保しながら自社の事業を継続することを目的に策定したものである」など、自社の状況に即した基本方針を策定してください。

② 重要商品の選定

緊急時においても、自社で優先的に継続もしくは普及させる商品・サービスを選定します。生命関連製品を扱う会社は、絶対に供給を止めないとの視点から選定することが必要です。

【図表13　ＢＣＰ策定手順】

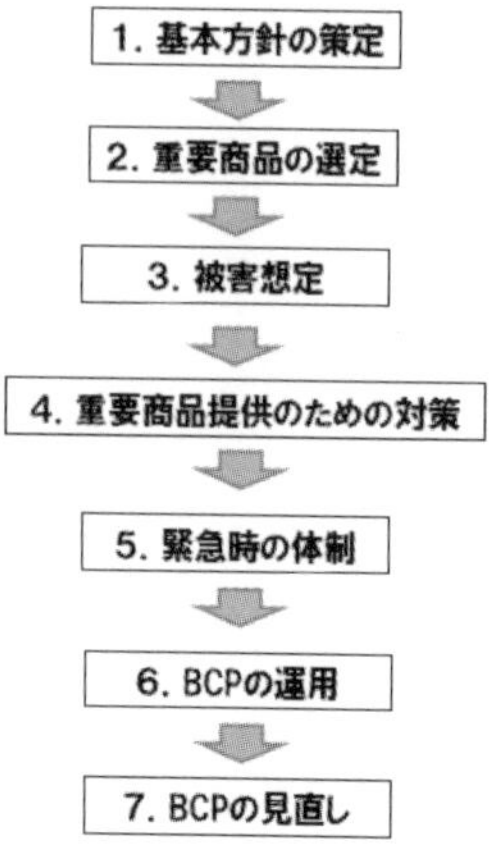

③ 被害想定

規模地震発生や感染症蔓延時に想定される影響を、「ライフライン」「情報通信」「道路」「鉄道」などに分けて検討し、また、会社への影響を「人」「情報」「モノ」「お金」に分けて検討します。

例えば、次は震度６以上の地震が発生した際の被害状況の想定です。自然災害ごとに、細かく想定しておく必要があります。

○ライフライン↓　利用不可

・停電が発生し、水道・ガスの供給もストップする。

・電気・水道・ガスの順番で復旧する。

○情報通信↓利用不可

・電話やインターネットがつながらない状況が長く続く。

・インターネットを使用するSNSのほうが電話回線よりつながりやすい傾向がある。

○道路↓一部利用不可

・一部の道路に通行規制が敷かれる。

・信号機の消灯などにより大渋滞が発生する。

○鉄道↓利用不可

・点検のため運行が完全に停止する。

・順次再開はされるものの運行再開まで多大な時間を要する路線もある。

これらを踏まえ、自社への影響を検討します。

○人

・被災し、怪我を負う社員や連絡がつかない社員が発生する。
・自宅や家族の被災、鉄道の不通などにより出社不能な社員が発生する。
○情報
・社屋の被災によりパソコンなどが損傷し、データが失われる恐れがある。
・携帯電話等の不通で、社員やその家族の安否が確認できなくなる。
・一部の社員が不確定な情報に振り回される。
○モノ
・店舗・事務所・工場などが破損や浸水する。
・固定していない備品等が散乱する。
・仕入先の損壊や物流網の不全により、必要な物資が調達できなくなる。
○お金
・事業活動の全部または一部停止により、この間の売上がなくなる。
・運転資金のみならず、会社の建物・設備などを復旧させるために多額の費用が必要となる。

④　**重要商品提供のための対策**

③で検討した被害想定を踏まえ、「人」「情報」「モノ」「お金」の面から、重要商品を提供し続けるための事前対策を詳細に検討します。

○人
・従業員とその家族の安否確認ルールを策定し、それを踏まえた安否確認のための手段を講じていますか。
↓自社で手段を講じるのは難しい場合があります。その場合は外部委託も検討しましょう。
・本人の被災や家族の被災、交通機関の不通などにより、重要商品供給上、必要な社員が出社できない場合を想定し、代替可能な従業員を育成していますか。
↓普段から1人に重要な業務を集中しないようなマネジメントが重要です。また、1社単独での対策が難しい場合は、非常時には必要な人員を融通し合うなど、近隣の会社との連携体制を構築しておくことも有効です。

○情報
・重要なデータの保存方法を決め、それを従業員に徹底していますか。
↓重要なデータは個人に貸与している端末に保存するのではなく、自社の集中サーバなどで保存し、サーバのデータは定期的にバックしておくことが必要です。
・携帯電話による通話や通信が長時間できなくなることを想定していますか。
↓インターネットは比較的つながりやすいので、LINE などを使用しての安否確認システムを構築するほか、重要な拠点には衛星電話を設置することも有効です。

○モノ

・設備や什器が入っている棚等は固定していますか。
→固定は必須です。毎年きちんと固定されているか点検しましょう。
・非常時の食料や水、会社の重要備品・書類などを地下や1階に保管していませんか。
→津波や洪水などが想定されているエリアでは、地下や1階に保存していると浸水によりすべて使用不能となる恐れがあります。

○お金
・事業がストップしている間に必要な運転資金がどのぐらい必要か把握していますか。
→コロナ禍のような長期にわたり事業活動に影響が出そうな災害も想定しておきましょう。

⑤ 緊急時の体制

緊急事態となった際の統括責任者および代理責任者を定めます。

統括責任者には、当然、社長が就くべきですが、社長に連絡がつかなくなることも想定し、代理責任者を定めておくことが必要です。

⑥ ＢＣＰの運用

せっかく策定しても、緊急時にスムーズな運用ができなければ、無用の長物となってしまうので、ＢＣＰの重要性について、従業員の理解を深めるための教育を定期的に実施します。

⑦　ＢＣＰの見直し

商品ラインナップの変更や、人事異動などに合わせて、ＢＣＰの内容についても変更する必要があるかどうかタイムリーに検討します。

ＢＣＰを策定しておくことで事業を継続できる体制を整えることが求められる

２０２０年の帝国データバンクの調査によると、ＢＣＰを策定している会社は、現在策定中も含めると、調査対象約２万２０００社中26・３％にとどまっており、まだ策定していない会社が多く存在します。

今回のコロナ禍に直面し、多くの会社が、自然災害などにあらかじめ備えておくことの重要性を肌で感じ取ったのではないでしょうか。災害は新型コロナだけではありません。いつ襲ってくるかわからない自然災害に備え、ＢＣＰを策定しておくことで、事業を継続できる体制を整えることが求められます。

ＢＣＰを導入している企業では緊急時でも中核事業を維持・早期復旧することができる

何も備えを行っていない企業では、事業の復旧が大きく遅れて事業の縮小を余儀なくされたり、復旧できずに廃業に追い込まれたりする恐れがあります。

一方、ＢＣＰを導入している企業では、緊急時でも中核事業を維持・早期復旧することができる上に、

【図表14　ＢＣＰ導入で緊急時でも事業維持・早期復旧可に】

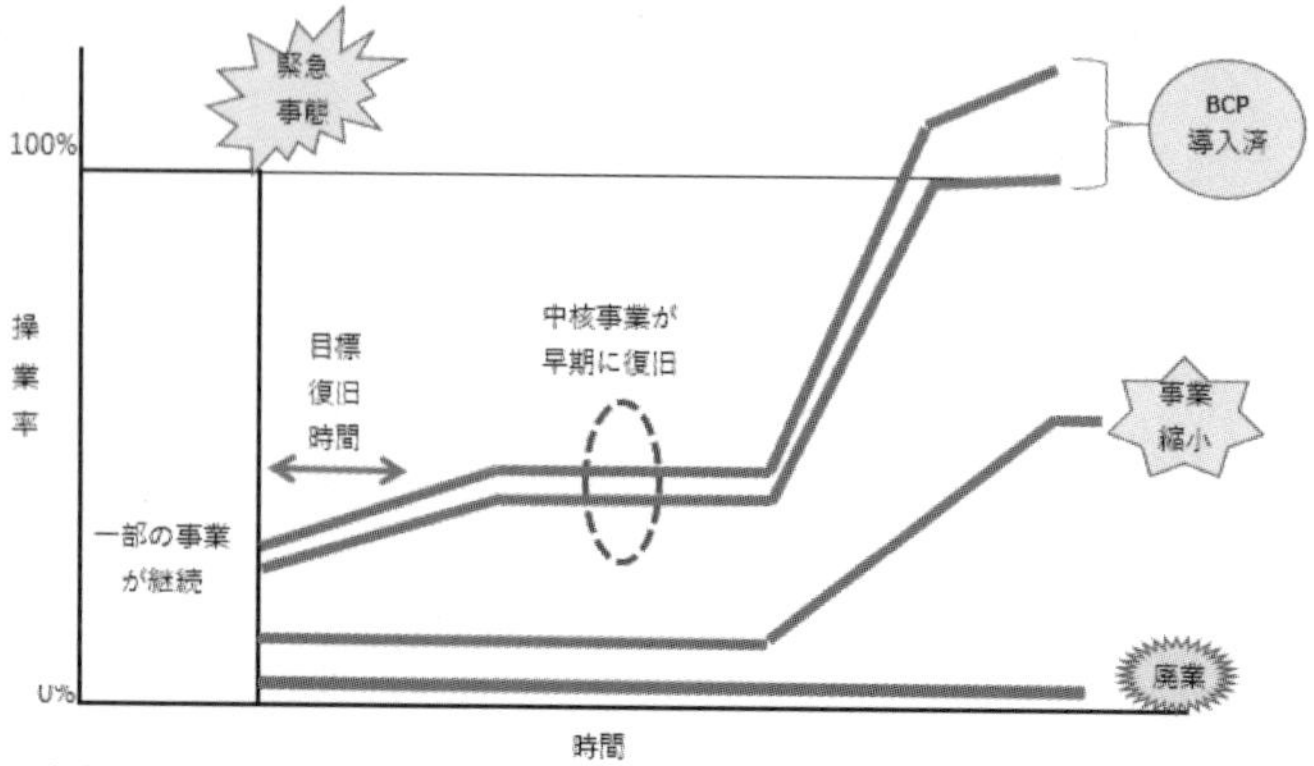

中小企業庁ＨＰより

その間の対応が取引先などから評価され、緊急事態前よりも業績が向上したとの例もあります（図表14参照）。

会社と従業員を守るとの観点からＢＣＰの策定が求められる

会社は、事業が継続できなくなると存亡の危機に立たされます。そのような事態に陥れば、そこで働く従業員も守ることができません。会社と従業員を守るとの観点から、ＢＣＰの策定が求められます。

今回、ここでご紹介した内容は、ＢＣＰ策定における最低限必要とされる部分です。これをもとに特に中核事業については、復旧までの時間を細かく想定し、それまでにどのような対策が必要となるのか、細部にわたり定めておくことが必要です。

中小企業庁のホームページにＢＣＰ策定関する情報が掲載されています。（https://www.chusho.meti.go.jp/bcp/）

第4章　危機管理内部要因とその対策

1　会社成長の妨げとなるハラスメント

危機管理上ハラスメント発生防止策を徹底させることは非常に重要

ハラスメントは、職場の環境を著しく阻害します。そのため、ハラスメントが頻発する会社に優秀な社員は定着しません。

会社の成長に必要な三要素「ヒト」「モノ」「カネ」ですが、ハラスメントが頻発する会社では、「モノ」「カネ」はあってもそれをハンドリングする肝心の「ヒト」という資源が枯渇し、やがて衰退する運命を辿ってしまいます。

そのような事態に陥らないよう、会社の危機管理上、ハラスメント発生防止策を徹底させることは非常に重要です。

代表的なハラスメントとして、セクシュアルハラスメント、パワーハラスメントなどが知られていますが、最近では、マタニティハラスメントやモラルハラスメントなども人口に膾炙しています。これら以外にも、ジェンダー、時短、アルコール、パタニティー、エイジ、ソーシャルなど、あまり耳馴染みのない言葉も、ハラスメントとして認定されています。

それだけ、他人と接する際には、注意を払う必要があるということになります。ここでは、社内で絶対に発生させてはいけない、特に注意すべきハラスメントについて言及していきます。

セクシュアルハラスメント対策

セクシュアルハラスメント（セクハラ）とは、相手の意に反した性的な性質の言動を行い、それに対する反応によって、仕事をする上で一定の不利益を与えたり、それを繰り返すことによって、就業環境を著しく悪化させることです。

セクハラは、その行為によって、対価型と環境型に分類されます。

「対価型セクハラ」

職場での地位を利用したり、何らかの雇用上・経済上の利益・不利益を示して、性的要求が行われるものです。

具体的には、次のような行為を指します。

・性的な誘いかけをして、「言うことを聞けば評価を高くしよう（昇進させてあげよう）」。
・「言うことを聞かないなら、やめてもらう（配置換えをする）」。

「環境型セクハラ」

雇用上・経済上の不利益は伴わないものの、性的な言動を繰り返すことにより、スムーズな職務の遂行を妨げるなど、働く環境を悪化させるものです。

具体的には、次のような行為を指します。

・人前で性的な記事の出ているスポーツ新聞を広げる。
・相手の体をなめまわすように見る。

・言葉による性的ないやがらせ（性的な噂を流す、性的な冗談を言うなど）。
・抱きつく、腰や胸を触る。

時代に即して変化

セクハラに関する法律は、図表15のように時代に即して変化しています。

【図表15　セクハラ法は時代に即して変化】

施行年月	改正内容	ポイント
S61年4月1日	「勤労婦人福祉法」が抜本的に改正され、「男女雇用機会均等法」となった	雇用について、女性を男性と均等に取り扱う努力義務が課され、一部、女性であることを理由とした差別が禁止された
H11年4月1日	さらに大幅な改正が加えられ、改正男女雇用機会均等法（改正均等法）と呼ばれた	上記、一部の努力義務が禁止事項に指定された。また、初めてセクハラに関する規定が盛り込まれ、配慮が義務化された
H19年4月1日	職場のセクハラ被害は後を絶たず、さらに大幅な改正が行われた	女性から男性への逆セクハラを含め、企業がセクハラ対策のための具体的な措置を取ることが義務化された
H26年7月1日	男女格差の縮小、女性の活躍促進のための改正が行われた	セクハラには同性に対するものも含まれることが明示された
H29年1月1日	企業のハラスメント対策における具体的措置の内容追加、セクハラ指針の対象の明確化が行われた	マタハラ（パタハラ等含む）防止措置義務化 セクハラには性的マイノリティ（LGBT）に対するものも含まれることが明示された

注意が必要なのは、同性に対するものもセクハラとなり得ること、および性的マイノリティ（LGBT）の方に対する防止措置も求められていることです。

会社は、男女雇用機会均等法に基づき、図表16の具体的措置を取るこが求められています。

【図表 16　セクハラへの具体的措置】

1　事業主の方針の明確化及びその周知・啓発

①職場におけるセクシュアルハラスメントの内容・セクシュアルハラスメントがあってはならない旨の方針を明確化し、管理・監督者を含む労働者に周知・啓発すること。
②セクシュアルハラスメントの行為者については、厳正に対処する旨の方針・対処の内容を就業規則等の文書に規定し、管理・監督者を含む労働者に周知・啓発すること。

2　相談（苦情を含む）に応じ、適切に対応するために必要な体制の整備

③相談窓口をあらかじめ定めること。
④相談窓口担当者が、内容や状況に応じ適切に対応できるようにすること。また、広く相談に対応すること。

3　職場におけるセクシュアルハラスメントに係る事後の迅速かつ適切な対応

⑤事実関係を迅速かつ正確に確認すること。
⑥事実確認ができた場合には、速やかに被害者に対する配慮の措置を適正に行うこと。
⑦事実確認ができた場合には、行為者に対する措置を適正に行うこと。
⑧再発防止に向けた措置を講ずること。（事実が確認できなかった場合も同様）

4　1から3までの措置と併せて講ずべき措置

⑨相談者・行為者等のプライバシーを保護するために必要な措置を講じ、周知すること。
⑩相談したこと、事実関係の確認に協力したこと等を理由として不利益な取扱いを行ってはならない旨を定め、労働者に周知・啓発すること。

これら措置を怠り、社内でセクハラを発生させ、被害者に訴えられ、裁判までいくと社名が公になり、会社のレピュテーション（評判）を大いに落とすことになってしまいます。

いくつか裁判例を見てみましょう。

○徳島中央郵便局セクハラ訴訟

徳島中央郵便局（徳島市）に勤める30代の女性契約社員が、職場でセクハラやパワハラ行為を受けたとして損害賠償を求めた。

裁判長は、セクハラとパワハラを認めた一審徳島地裁判決を支持する一方、一部のセクハラについて「的確な証拠がない」として一審判決より10万円減額し、同僚男性2人に計30万円の支払いを命じた。

判決理由で裁判長は、女性契約社員が2016年6月にあった労働組合主催の飲み会で、同僚男性2人から握手やキスを求められたり、性的な発言をされたりしたことについて、「2人が一体となってした共同不法行為」と判断。

このうちの1人が、フェイスブックにセクハラを非難する投稿をした女性契約社員に対して「埋める」と脅した行為をパワハラと認定した。

○F病院マタハラ降格事件

妊娠を理由にした降格は、男女雇用機会均等法に違反するとして、広島市の女性が勤務先を訴えた訴訟の上告審判決で、最高裁第1小法廷（桜井龍子裁判長）は、「妊娠や出産を理由に不利益な扱いをすることは、特段の事情がない限りは違法で無効」とする初判断を示した。

その上で、今回の事案で特段の事情があったかどうかを改めて判断させるため、降格は適法とした二審判決を破棄し、審理を広島高裁に差し戻した。

女性の社会進出が進む中で問題化している妊娠、出産した女性労働者に対する「マタニティハラスメント」について、最高裁が判断するのは初めて。妊娠や出産を理由にした降格などの不利益取扱いを禁じた均等法の趣旨を、司法が改めて確認した。

○経済産業省事件（トランスジェンダーに対するセクハラ）

トランスジェンダーXに対して職場の女性トイレを自由に使用させなかったこと、および職員bの「なかなか手術を受けないんだったらもう男に戻ってはどうか」との発言等により、１２０万円の慰謝料を認めた事例。

個人がその真に自認する性別に即した社会生活を送ることができることは重要な法利益として、国家賠償法上も保護されるものというべきである。本件トイレにかかる処遇は、Xがその真に自認する性別に即した社会生活を送ることができるという重要な法利益を制約するものである。

このようなbの発言は、その言動の客観的な内容に照らして、Xの性自認を正面から否定するものであると言わざるを得ない。

民間企業ではないというところは、割り引いて考える必要はありますが、今後はトランスジェンダーの方に対する配慮の視点も必要になってきます。

セクハラかどうかはその発言・行動が合理的・妥当性かどうかで判断する

このような結果を招くことのないよう、会社におけるセクハラ防止対策は重要です。

セクハラは、同じ言動が相手によってセクハラになったりならなかったりするため、どのような言動が該当するのか、判断に迷うことがあるかと思います。

そのため、セクハラかどうかは、その発言・行動が合理的で妥当性があるかで判断します。例えば、挨拶をする際には、「おはよう」「こんにちは」といった言葉で十分です。そこに「きょうも綺麗だね」や「元気そうだね」など、容姿や対象者の状況を付け加える言葉を発する合理性・妥当性は全くありません。

相手との距離感がわからない場合は、余計な合理性・妥当性のない言葉を付け加えることはセクハラのリスクとなります。

職場での発言は合理性・妥当性が必要との意識を高めるため、定期的に職場研修を実施

また、気心の知れた相手で、これまでは全く問題なかった言葉であっても、もし、その対象者との関係がこじれてしまうと、合理性・妥当性のない言葉は、過去に遡ってセクハラ的な言動をされたと言い募られるリスクがあります。

そのようなことにならないよう、職場での発言は、合理性・妥当性が必要との意識を高めるため、定期的に職場におけるセクハラ研修を実施することが求められます。

職場でのセクハラを防ぐには、継続的に社員の意識を高めるといった、地道な取組みが一番の近道です。

言葉だけではなく誤解を生むような状況はつくらない

また、言葉だけではなく、誤解されるような状況をつくらないことも重要です。例えば、残業をする中で、ドアの閉まった会議室で異性の上司部下が２人きりの人事考課面談をするなどといった状況は、極力避けることが求められます。

人事考課面談は、残業時間ではなく、業務時間中に実施する。評価面談との性質上、個室で２人きりにならざるを得ない状況であれば、複数人の面談をする一連の流れの中で実施するなどの配慮が必要となります。

パワーハラスメント対策

パワーハラスメントとは、厚生労働省の「職場のパワーハラスメント防止対策についての検討会」報告書（平成30年３月）にまとめられた概念を踏まえて、次の３つの要素のすべてを満たすものとされています。

①　優越的な関係に基づく
②　業務上必要かつ相当な範囲を超えた言動により
③　労働者の就業環境を害すること（身体的若しくは精神的な苦痛を与えること）

これだけでは、あまりにも抽象的過ぎるので、イメージしやすいように図表17の６つの類型にまとめられています。

【図表17　パワハラの6類型】

パワハラ類型	該当する(主な事例)	該当しない(主な事例)
身体的攻撃	・殴打や足蹴り・相手に物を投げつける	・誤ってぶつかる
精神的攻撃	・人格を否定する言動 ・必要以上の長時間にわたる厳しい叱責	・重大な問題行動に対して、一定程度強く注意する
人間関係からの切り離し	・意に沿わない者を仕事から外し、長時間別室に隔離する ・集団で無視し、職場で孤立させる	・新規採用者育成のため、別室で短期集中の研修を実施
過大な要求	・業務とは無関係の私的な雑用処理の強制	・育成のため、現状より少し高いレベルの業務を任せる
過小な要求	・嫌がらせで仕事を与えない	・能力に応じた業務の内容・量の軽減
個の侵害	・職場外の継続的監視、私物の写真撮影	・労働者への配慮を目的に、業務状況などのヒアリング

これらに該当する行為が職場において行われると、パワハラと認定されることになります。ここで注意しなければいけないのは、「職場」です。

パワハラと認定される職場は普段業務を遂行している場所だけではない

ここでいう「職場」は、一般的にイメージされるオフィスや工場など業務を遂行する場所だけではありません。業務を遂行している場所、例えば、業務のために移動している車の中や出張先や相手企業との打合せの場のほか、業務の延長との考え方のもと部内の宴会などの場も職場と認められます。

パワハラは同僚間や部下から上司であっても認定されることがある

また、パワハラは、実態として優位性を持っている者が、弱者に対して行うものと定義されているので、上司から部下に対してだけではなく、同僚間や部下から上司であっても、パワハラが認定されます。

例えば、経験豊富なベテランの部下たちが、年下の上司に対してパワハラを行うといったことも十分あり得ることになります。

さらにイメージしやすいよう、職場で起こりがちな具体的なパワハラについて見ていきます。

①　暴言

上司Ａは、部下に対して、間違いをすると「お前はクビだ」「この給料泥棒め」などと暴言を吐く。部下が謝っても許してくれず、むしろ「存在自体が目障りだ。お前のせいで皆が迷惑している」など、暴言を吐き続けることもある。

上司Ｂは、普段から物静かな部下の性格について面白おかしく取り上げ、「根暗」「お前のせいで職場の雰囲気が悪くなる」などと言っている。

その部下が会議でプレゼンをした際に、何度か資料の読み飛ばしをしたことについて、発表の方法等を指導せずに、「君のプレゼンが下手なのは、暗い性格のせいだ。何とかしろ」などと言った。

部下に暴言を吐くことは、職場の内外を問わず、懇親会の席などざっくばらんな雰囲気の場でも許されるものではありません。

時には部下を指導する上で厳しく叱ることも必要ですが、その場合も言葉を選んで、適切に対応することが必要です。

② 執拗な非難

上司Cは、ある部下のつくった資料に、過去に何度注意したにもかかわらず起承転結がなかったことに立腹し、「なぜこのような資料をつくったのか。反省文を書くように」と言った。

そこで、その部下が、今後十分に注意すること等を記載した反省文を提出したところ、Cは、「内容が物足りない。もっと丁寧な反省文を書いて署名・押印しろ」などと言って3日間にわたって何度も書直しを命じ、指示どおりの反省文を提出させた。

上司Dは、些細なミスに対して執拗に非難する。部下が作成した班内会議で使う資料が両面コピーではなかったことついて、資料を作成した部下に対し「お前は小学生か」「無駄なことをするな」などと皆の前で起立させたまま、大声で長時間叱責し続けた。

部下は上司に対して、正面きって反論しづらい立場にあることを理解し、ミスには必要な範囲で、具体的かつ的確に指導することを心がけることが必要です。

部下の立場も考えて、できる限り人前で叱らないようにするなどの配慮も必要です。

③　**威圧的な行為**

上司Ｅは、部下の意見が気に入らなかったりすると、しょっちゅう、机を叩いたり、ファイルを投げつけたりする。この間も、部下の目の前で、書類を何度も激しく机に叩きつけていた。社員は皆萎縮して、仕事の相談ができる雰囲気ではなく、仕事が全然進まない。

上司Ｆは、職員の業務上の意見に対し、部下が自分の意見に賛同するまで大声で話し続け、また、自分自身にミスがあると有無を言わさず部下に責任を転嫁する。

そうした言動が原因で体調を崩した部下が入院することとなったため、その部下がそれを報告したところ、「お前の日頃の体調管理が悪いからだ。そんなことで休まれると周りが迷惑だ」と怒鳴っていた。

業務に関する言動であっても、その内容や態様等が威圧的にならないよう注意する必要があります。

仕事に対する姿勢や日常の振舞いが「パワーハラスメント」の土壌となることがあります。十分な注意が必要です。

④　**過大な要求**

上司Ｇは、職場に異動してきたばかりの部下に対し、正当な理由もなく、これまで２名で行ってきた大量の経費処理を未経験のその部下に全部押しつけ、期限内にすべて処理するよう厳命した。

このような状況が続き、経費処理が滞留したため、その部下が「もう限界です」と訴えると、「期限内に1人で十分処理できる量だ。1人で何とかしろ」と激しく責め、聞き入れなかった。

上司Hは、毎週のように土曜日や日曜日に出勤する。自分の聞きたいことがあると、土曜日や日曜日でも構わず携帯電話に電話し、電話に出ないと叱責を受ける。

そのため、部下は叱責を受けないよう、自らも出勤し上司からの問いに備えている。意見を言うと、「部下は自分のペースに仕事を合わせるべき」と言うだけである。

部下に対し、非常に大きな負担をかける業務などを命じる場合には、必要に応じ、部下にその理由を説明するなどフォローが必要です。

上司は、自分のペースで仕事を進めるのではなく、部下のプライベートの時間にも配慮して仕事を進めるべきです

⑤ 仕事を与えない

上司Iは、ある部下について能力がない人間だと決めつけ、何の説明もなく役職に見合った業務を全く与えない。この間も、その部下が何か仕事を与えてくれるよう相談したら、単純な数字の入力作業を延々と続けるよう命じただけであった。

上司Jの職場は、残業が多いことから、先月、ある部下が業務改善に関する提案を自主的に作成して提出したところ、「お前に何がわかるんだ」と突き返された。それ以降、Jは、「あいつは余計なことしかしない」と言って、その部下に仕事を与えなくなった

部下には、差別なくその能力や役職等に見合った仕事を与える必要があり、合理的な理由なく仕

事を与えないことは許されません。
業務上の意見を言ったことなどを理由に仕事を与えないなどのペナルティーを科すのは、権限の濫用に該当します。

⑥ 仕事以外の強要

上司Ｋは、部下に対して毎日のように朝はコーヒーを買いに行かせ、昼は弁当を買いに行かせたりしている。皆嫌がっているのだが、断るとあからさまに不機嫌になり、仕事上のペナルティーをちらつかせるので言いなりになっている。

上司Ｌは、ある部下が自分より高級な腕時計をしていることを妬み、「上司よりいい腕時計をするとはなにごとだ」とか、「もっと安い腕時計にしないと地方に異動させるぞ」などと言い続けたので、その部下はやむを得ず、別の安い腕時計に買い換えた。

部下に私事を命じるのは明らかに不適当な命令です。部下に対して合理的な理由がないのに、仕事以外のことに執拗に干渉しない態度が必要です。

部下を妬み、業務に全く関係ないことについて、部下を意のままに操るのは不当な行為です。業務に関連あることのみ指導することが求められます

パワハラについてもセクハラと同様、被害者から訴えられ、裁判沙汰となると社名が公になるリスクがあります。以下に実際の裁判事例を示します。

○大津市役所職員によるパワハラ

大津市は、53歳市民部の課長級の男性職員が部下を大声で叱るなどパワーハラスメントを繰り返したとして、減給10分の1（3か月）の懲戒処分にした。

また、管理不足として当時の上司だった58歳の市教委の次長級職員を減給10分の1（1か月）、58歳の市民部の部長級職員を戒告処分とした。

市人事課によると、男性職員は昨年5月から今年3月にかけてほぼ毎日約20人いる部下それぞれに対し、自らの机の前などに立たせたりして30分~2時間近く、仕事の進め方や書類の不備などを大声で指導、叱っていたという。

4月には、採用したばかりの臨時職員が起案した資料をくしゃくしゃに丸めてごみ箱に捨てたという。市は、昨年6月に事態を把握し、当時の上司らに指導を求めた。昨年12月にはハラスメント防止のチェックシートも作成したが、改善されなかったという。

○厚生労働省職員によるパワハラ

厚生労働省は、部下の男性にパワーハラスメントをしたとして、エボラ出血熱の検疫強化の企画などを担当する食品安全部企画情報課長を減給10分の1（1か月）の懲戒処分にし、大臣官房付に更迭すると発表した。監督責任を問い、部長も文書による厳重注意とした。

同省によると、課長は、エボラ出血熱の検疫態勢の打合せの際、部下の仕事内容が不十分だとして威圧的な発言をし、肩を強く掴んだ。部下は翌日に首の不調を訴え、医療機関で全治3週間の捻挫と診断された。

課長は、省内調査に「激励するつもりで肩をつかんだが力が過ぎたかもしれない」と話したという。

○大阪市代表監査委員によるパワハラ

大阪市の監査部門の複数の職員に対し、暴言などのパワーハラスメント行為をしたとして、市公正職務審査委員会は、市の代表監査委員に言動を改めるよう求めたほか、市に対してパワハラ防止措置を講じ、職場環境を改善するよう勧告した。代表監査委員は勧告を受けて、同日付で辞職した。委員会は、弁護士らで構成され、公益通報や内部告発の調査・審査を行っている。代表監査委員は、プリマハム元社長で平成26年5月から代表監査委員を務めていた。

昨年9月、委員会に公益通報があり、職員らに調査を実施。30年以降、代表監査委員によるパワハラ行為があったと認定した。

うち、時期と場所が特定できたのは9件で、「職員の分際でわしの言うことが聞けんのか」「役立たず」といった発言など。時期は特定できなかったが、「金魚のフンみたいに座っているだけ」「こんな仕事なんか、女の子にさせりゃええんだよ」といった発言もパワハラと認定された。

代表監査委員は、業務上の指導で必要性があったと説明していた。委員会によると、代表監査委員の言動により職員１人が突発性難聴を発症した。

上司から部下へのパワハラを防止するには

上司から部下へのパワハラ防止に必要なのは、上司が働く環境の整備をすることです。ここでは、一番問題となる上司から部下へのパワハラを防止するために、会社として必要な策を検討します。まず一番重要なのは、上司の働く環境の整備です。会社が上司個人を追い込むような仕事環境とすることで、上司への過度のストレスがたまり、それが部下への日頃の言動になって表れるという事態になりがちです。

パワハラをした上司のみを処分するのではなく、その背景について調査をすることが必要

直接のパワハラの加害者は上司ですが、そのような環境に追い込でいるとの実態が明かされると、当然会社としての責任が大きく問われることになります。

また、環境面がパワハラに大きく影響しているとなると、上司を入れ替えたとしてもまた同じことが起こる可能性が高くなります。

そのため、社内でパワハラの訴えがあった際には、パワハラをした上司のみを処分するのではなく、その背景についても十分調査し、会社として、上司に過度なプレッシャーを与えていなかったかについても見極める必要があります。

部下を持つポストに就任させる際には教育・訓練を施す

調査の結果、環境面に問題がないとすると、上司個人の問題となります。資質・能力に問題がある社員は、部下をマネジメントするポストに就かせないというのが一番の解決策です。

しかしながら、ポストに就けるまでその社員の能力がわからない、また人員に余裕がなく、ある程度の能力がある者はポストに就け、教育研修によって、そのポストにふさわしい人材に育成するとの方針の会社も多いかと思います。

いずれにせよ、部下を持つポストに就任させる際には、会社としてきちんとリーダーシップやマネジメントに関する教育・訓練を施すことが重要です。

パワハラの1つの背景として、上司本人のマネジメントスキル不足の不安が上げられます。不安から来る自己防衛意識が高まると、部下に威圧的な態度で接してしまいます。また、自分は正しいとの思込みが強いと、自分の考えを部下に押しつけがちとなります。

こういったパワハラを引き起こす背景を、教育・訓練によって防ぐことが求められます。

上司に対する教育・訓練は継続的に実施

部下を持ち、マネジメントを経験してみて初めてわかることもあります。上司として配属する前に、教育・研修をすることも重要ですが、上司としてマネジメントをさせてみて、自分に何が不足しているのかを自省させるのも効果的です。

また、３６０度調査（上司のマネジメント力などについて、部下から匿名で聴取する調査）の結果をフィードバックし、自分で感じていることと、部下が感じていることのギャップを理解させると、自分に何が不足しているのかよく理解できます。

いずれにせよ、上司に対する教育・訓練を継続的に実施することで、絶えず上司として必要な能力向上を図ることが重要です。

ハラスメントは若者の離職原因の2位

パワハラについても、2021年6月（中小企業については2022年4月）から、会社として防止措置を講じることが義務化されました。

2018年の内閣府の調査によると、若者の離職原因の1位は仕事が自分に合わなかったため、2位が人間関係がよくない、ハラスメントがあったため、3位が労働時間・休日・休暇の条件がよくなかったため、となっています。

ハラスメントは、若者の離職原因の2位にあげられています。ハラスメントといっても様々ありますが、厚生労働省によると、総合労働相談のコーナーに寄せられるいじめ・嫌がらせの相談件数は、ここ10年で右肩上がりで増加しているとのことです。

パワハラによる離職で人員計画に狂いがでることも

大企業においては、罰則がないとはいえ、パワハラの発生防止が法によって義務づけられたので、早急に社内教育を実施するとともに、社内規定を整備することが求められます。

中小企業においては、法によって発生防止が義務づけられたわけではありませんが、パワハラによって、せっかく苦労して採用した人材がすぐに離職してしまっては、会社の人員計画にも大きな支障を来すことになりかねません。

大企業と同様に、パワハラ防止に向けた社内教育の実施が必要です。


パワハラの放置は人材の流失だけではなく採用においても不利な状況に陥る

最近では、転職サイトの口コミ情報が、転職者や学生の大きな情報源となっています。パワハラで会社を去った人間が、口コミサイトにその会社の有用な情報を書き込むことはあり得ません。

社内パワハラを放置しておくと、人材の流失だけではなく、採用においても不利な状況に陥るリスクが発生します。

パワハラ防止法が施行されたこの機会に、大企業・中小企業を問わず、社内におけるパワハラの根絶に向けた取り組みをすすめることが求められます。

2　不用意な社員によるSNSへの投稿が会社を危機に陥れる

スマホさえあれば誰でも気軽に自分の考えを世間に発信できる

SNS（ソーシャルネットワーキングサービス）の発展は目覚ましいものがあります。手元にスマートフォンさえあれば、誰でも気軽に自分の考えを世の中に発信することができるようになりました。

プライベートで差障りのないことを発信しているうちは問題がないのですが、世間から反感を買うことや、世間から受け入れられないことなどを発信すると、いわゆる「炎上」という状態になり、世間からバッシングの集中砲火を浴びることになります。

会社と関わりがないところで、1個人が炎上するのであればいいのですが、その個人の所属先が特定されると、その所属先にも世間からの非難の目が向けられます。

そのような事態に陥らないよう、SNSはプライベートなことだからと個人の自由に任せるのではなく、危機管理の観点から、会社として何らかの対策をとることが求められます。

実際の事例から考えて見ましょう。

○奈良市職員の迷惑行為

2020年1月、奈良市の職員が、近鉄奈良駅で隣のホームに飛び移ろうとし、ホーム下に転落した映像がSNSで拡散され、炎上騒ぎを起こしました。

この職員は、酒に酔っていたらしいのですが、酒の上でのそそうでは済ますことのできない、大変な迷惑行為です。

このような行為が人目に触れれば、世間から大変な批判を浴びることは想像に難くないですが、一緒にいた友人は、なぜこの行為を撮影し、かつまた友人限定とはいえ周囲に公開したのでしょうか。

変わった動画や画像は、人々の関心を集めます。SNSの普及により、誰でも簡単に人の関心を引く動画や画像を投稿できるようなりました。

その投稿した動画や画像がより多くの人の関心を集めれば、投稿した本人の承認欲求が満たされ、気分が高揚することになります。１度この高揚感を味わうと、それがくせになり、より過激で人目を引く投稿をしたい欲求に駆られる…。

１社員によるプライベート上の行為でも、拡散されると所属先企業も「炎上」のリスクが避けられないとわかっていても投稿してしまうのは、炎上を避けるという理性よりも、承認欲求という欲望が勝ってしまうからではないでしょうか。

今回、この動画に写っていたのは、奈良市の職員と報道されていました。この職員は、お酒を飲んでいたとのことなので、業務時間中ではなくプライベートな時間にこの行為をしたと思われますが、新聞等で大きく報道されるときは、「奈良市職員」と所属先が公表されてしまいます。

１人の社員によるプライベート上の行為がSNSに投稿され、迷惑行為として拡散してしまうと社員の所属先まで公表されてしまいます。

○トイレットペーパー不足のデマはある社員のSNS発信がきっかけ

記憶に新しいのは、コロナ禍におけるトイレットペーパー不足です。２０２０年の3月頃のこと。思い返してみてください。マスクが不足し、連日早朝からドラッグストアにマスクを求める人の長蛇の列ができていました。一般の人だけではなく、コロナと闘う医療従事者用のマスクでさえ不足していることのニュースが報道されていました。

これは、マスク需要が一気に高まったことによる供給不足です。日本でも必要になることが想定できていたにもかかわらず、先にコロナウイルスが大流行していた中国に、大量にマスクを送り届けていたことに対して批判はありましたが、必要なマスクを供給するだけの力が足りなかったことがマスク不足の原因でした。

この件は、誰が悪いわけでもないので、仕方がないことと受け入れ、必要な量が供給されるようになるまで、我慢して待つしかありません。

しかしながら、トイレットペーパーは違います。十分な供給量があったにもかかわらず、皆が一斉に買いに走ったため、一気に供給不足となってしまいました。

このトイレットペーパー不足の原因は、1人がTwitterで、「トイレットペーパーの多くは中国で製造されている。コロナの影響で中国からトイレットペーパーの輸入ができなくなるため、早晩日本でトイレットペーパーが不足する」といった趣旨の投稿をしたことが原因です。

この投稿は、完全なデマで、何の根拠もないものでしたが、マスク不足の状況下で、中国からの輸入が止るといった、もっともらしい内容だったこともあってか、あっという間に拡散されました。

このデマツイートは、米子医療生活協同組合の職員が発信したものと特定され、同組合が公式サイトで謝罪したと報道されていました。

デマを発信した職員は、自身の承認欲求を満たすため、このような悪質な行為をしたのかもしれませんが、新型コロナウイルスの蔓延により、社会不安が増大している中では、普段は見過ごされることであっても、社会に大きな悪影響を及ぼします。

SNS対策として必要なこと

プライベートアカウントからの発信でも自分の所属先が謝罪に追い込まれることもあり得ます。

自分が普段感じていることや、日常生活における気づきなどをSNSで発信するのであれば問題ありませんが、社会不安をあおるようなデマを発信をする、迷惑行為を投稿すると、たとえそれが自分のプライベートのアカウントであっても、今回のように、その発信者が所属している組織が謝罪するはめになります。

奈良市の職員は、報道されたのが関西ローカルだったので、全国的に知れ渡るといったことはありませんでした。

しかしながら、トイレットペーパーが不足するとのデマは、大きな影響を及ぼしたこともあり、全国紙などで報道されたため、米子医療生活共同組合の名前が悪い意味で全国に知れ渡ってしまいました。

危機管理の観点から社員によるSNS投稿炎上防止策を講じる必要がある

１社員の軽い気持ちで発信したSNSにより、企業がこれまで築き上げてきたブランドイメージが一瞬にして崩れ去ってしまいます。誰もが気軽にSNSで発信できる昨今、このようなリスクはどの会社にも内在しています。

SNSは、社員がプライベートでやっていることだからと放置しておくと、社員の不適切な発信により、会社のブランドイメージが大きく傷つきかねません。

そのため、企業の危機管理の観点から、社員によるSNS投稿炎上防止策を講じる必要があります。

危機管理対策① 社内規定を整備する

社内の機密情報や個人情報などは、会社のアカウントは当然のことですが、個人のアカウントでも発信は全面禁止とする規定を策定し、規定に抵触する行為をした者は懲戒処分と明示しておきます。

また、ソーシャルメディアポリシーなどを定めて、適切なSNS使用に関する会社としての考え方を明確にしておきます。

危機管理対策② 社員教育の実施

過去にはアルバイトによる不適切動画の投稿で飲食店が炎上した例もありました。ちょっと考えれば、炎上を招きかねないとわかりそうなことでも、人はSNSに投稿してしまいます。

ここでは詳しく事例として取り上げませんでしたが、回転寿司チェーンのくら寿司で、アルバイトの社員が、客に提供する刺身をゴミ箱に入れる動画をSNSで公開し、炎上しました。

このときは、くら寿司だけではなく、他の外食店でも同じような動画が次々と発掘され、次々と炎上していました。

SNS投稿に関する社内規定を作成し、違反者には懲戒処分などの厳しい姿勢で臨む

誰が考えてもおかしいと感じることであっても、人は投稿してしまいます。それは、理性より承認欲求という欲望が勝ってしまうことが大きな要因の１つです。

社員教育をする際には、この点も念頭に置き、一時の承認欲求を満たすために行った行為が、自分にどう跳ね返ってくるかを想像できるよう説明することが重要です。

また、この社員教育の際に、会社が策定したSNS使用に関する規定の内容について、十分な時間をとって説明します。その際には、違反した際の懲戒処分の内容についても説明し、会社として違反者に対して厳しい姿勢で臨むことを明確にしておきます。

社員のプライベートの投稿によって、会社のレピュテーションを落とすことがないよう、しっかりとした危機管理体制を構築することが求められます。

3　トラブルメーカー社員に対する対応

どこの組織にも当てはまる法則として広く知られているのが、２：６：２の法則です。人が集まって組織ができれば、その中の上位2割の成績優秀者と、その下6割の標準成績者と、最下層2割の成績不良者に分かれるというものです。

どこの会社組織でもより一層の生産性向上を目指し、いかに成績不良者をなくすかとの課題に頭を悩ませているのではないかと思います。この問題に対しては、上司による成績不良者のＯＪＴ教育や、会社として実施する能力開発研修、もしくは環境を変えるための勤務地や職務の異動など、明確な結果は出ないまでも、様々な手段を講じることが可能です。

そのため、今会社で大きな問題となっているのは、何らかの対策を講じることが可能な単なる成績不良者ではなく、明確な対処法が確立しておらず、放っておくと社外の関係先はもとより、社内環境を大きく損なうリスクをはらむ「トラブルメーカー社員」です。

トラブルメーカー社員とは

トラブルメーカー社員とは、社外関係先に悪影響を与える言動をする、社内における協調性に欠ける言動が目立つなどのため、上司が注意・指導をしてもその言動が一向に改まらない社員を指します。

日本の労働法制上、契約期限のない雇用契約、いわゆる正社員は、会社の都合で一方的に解雇することは原則できません。

例えば、会社の名前を使って詐欺行為を働き、相手先に多大な損害を与えた、多額の会社資金を横領した、虚偽の経歴で入社したなどの事由であれば、即時解雇も可能となります。

しかしながら、このような会社に重大な損害を与えたとの事由がないと、いわゆる正社員を即時解雇することができません。

トラブルメーカー社員は、上司の指導・注意を聞かない、自己中心的な言動を繰り返すなど、即時解雇には至らないような事由で周囲とトラブルになるケースが大半です。そのため、会社は、解雇以外の手段で、トラブルメーカー社員に対応せざるを得なくなります。

トラブルメーカー社員の入社は防げるか

トラブルの種は、持ち込まないことに限ります。トラブルメーカー社員も採用の段階で見抜き、入社を阻止することができれば、その後の問題発生を未然に防ぐことが可能です。

それでは、トラブルメーカー社員は、採用時に見抜くことができるでしょうか。例えば、履歴書を見て、短い期間に何度も転職を繰り返しているとの事実を確認できれば、一目でリスクが高いと判断できます。

しかしながら、新卒での採用や転職回数が少ない場合は、履歴書上で判断することは不可能です。それでは、面接でトラブルメーカー社員の素養のあるなしを見抜くことができるでしょうか。これは非常に難しいと言わざるを得ません。

豊富な経験を積んだ人事担当者なら、ある程度までは見抜けるかもしれませんが、人事担当者は、そのような人材ばかりではありません。

また、トラブルメーカー社員の中には、個人としての能力は高いという者も混じっています。そうなると、短時間の面接でトラブルメーカー社員かどうかを見抜くのは相当難しいタスクとなります。

最近は、様々な種類の適正検査の利用が可能となっているので、トラブルメーカー社員の入社を水際で防ぐための手段として、活用する会社も増えてきています。

最近の検査は、精度が向上しています。トラブルメーカー社員入社のリスクを下げるといった観点から、後ほど紹介する中から、自社に合った適正検査の導入も検討してみてください。

トラブルメーカー社員はなぜ発生するのか

私は、大手製薬企業で14年間労働組合専従の役員として活動してきました。その間、様々なタイプのトラブルメーカー社員の対応をしてきました。その経験から、トラブルメーカー社員は、主に次の2つのタイプに分けられます。

○タイプ1　先天的社会不適合型

このタイプは、自分が絶対に正しいと思い込んでおり、自分のミスを絶対に認めません。明らかに自分のミスであっても周囲のせいにして、悪びれることがありません。入社時からその兆候が見られ、どこの環境に置かれも同じようなトラブルを巻き起こします。

何度上司や周囲が指導・注意をしても聞く耳を持ちません。自分は悪くないと思い込んでいるので、注意や指導をされると、それが不当だということで、組合に相談に来ます。

私も相当な時間を割いて対応し、何度も注意しましたが、自己弁護の言い訳に終始するばかりで、絶対に自分の考えを変えようとはしませんでした。

そのため、このようなタイプは、社会生活を営む上で、先天的な不適合の素養を持っていると結論づけざるを得ませんでした。

したがって、特に明確な発生原因を特定できず、ただただ周囲の社員が迷惑を被るばかりで、対策の打ちようがなく、早晩お手上げの状態になります。

○タイプ２　環境依存社会不適合型

このタイプは、最終的には先天的社会不適合型のように、自己主張を一切曲げない、すべて周囲の環境のせいにするといった状態に陥るのですが、うまく環境を整えることで、この状態を脱することが可能です。

私が見てきた中では、先天的社会不適合型はかなり希で、トラブルメーカー社員としては、環境依存社会不適合型が大半を占めるのではないかと思います。

今まで周囲とのトラブルもなく、機嫌よく働いていたのに、上司が変わる、異動するなどの要因で発症します。発症すると、こちらの言うことを一切受け付けないという、先天的社会不適合型のような状態となるのですが、うまく環境や上司を変えると収まります。

上司が変わる、異動によって周囲の環境が変わるといったことが原因で、多くの苦情をため込み、組合にその苦情を申し立てにくる社員は一定数存在します。その苦情を聞き、上司や周囲にその状況を確認すると、上司や周囲の環境が一方的に悪いのではなく、苦情を訴えてきた社員にもその原因が存在します。そのため、自分にも原因があることをきちんと順序立てて説明すると、大半の社員は納得し、自分を変えようとの努力をします。

しかしながら、環境依存社会不適合型社員は、いったん発症してしまうと、自分は悪くないとの考え方に凝り固まってしまうので、そこを解きほぐすのに、多くの時間と労力が必要になります。この点が、一般社員との大きな違いとなります。

トラブルメーカー社員を放置しておくと悪影響がある

先天性型でも環境依存型でも、トラブルメーカー社員を放置しておくと、周囲に様々な悪影響を及ぼします。その影響等を知っていただくために不適合社員の事例を次に紹介しておきます。

・先天性社会不適合社員Aの発端

先天性社会不適合社員Aが、同僚の先輩社員Bに暴力を振るわれたといった事案がありました。社内で同僚社員に暴力を振るうのは、絶対に許されないことであり、暴力を振るった社員Bが一番悪いことになるのは当然です。しかしながら、その経緯を調べてみると、Aの振舞いにも責められるべき点があることが判明しました。

ことの発端は、Aが仕事上のミスを犯し、それをBに注意され、指導を受けたことでした。Aは、先天性社会不適合社員の特徴である絶対に自分のミスを認めず、周囲にそのミスを転嫁するという発言をBに向かって延々と繰り返していました。

何度どんな言葉を尽くしても一切理解しようとする姿勢を見せないAに対して、Bの堪忍袋の緒が切れかかっていたところで、Aに挑発的な発言を投げかけられ、我慢できずBが反射的に持っていたファイルでAの頭を殴りつけたとのことでした。

・職場で浮いた存在となったAは部門長付の資料づくり要員に

Aは、事件後の私の聞取りに対して一切自分の非を認めることはなかったですが、この事案は周囲に多くの目撃者がおり、Aの態度・発言にも大きな問題があったことは明らかでした。

普段から周囲とのコミュニケーションがうまく取れておらず、孤立しがちなAでしたが、この事件をきっかけに完全に職場で浮いた存在となりました。

そのため、Aは、組合の私のところに「職場でいじめられている」と訴えてきました。私としては組合員の訴えを無下にすることもできなかったので、Aの上司やAが属する職場の責任者とAの処遇ついて何度も協議を重ねました。

その結果、チームの一員として働かすのは無理との結論に至り、部門長付として、周囲の社員とあまり接触せずに済むよう、部門長のすぐ隣に１人だけの机を設け、部門長の資料づくりなどを行う人員となることとなりました。

・Aの処遇の協議のため部門長と労使協議を開催

当然、Aは、この処遇に納得がいかず、私のところに「連日職場でいじめを受けている」と訴えてきました。先天性社会不適合社員ですので、いくら「自分にも責任があるのでは」と説いてみても全く聞き入れることはありません。

最終的に、公式な場できちんと会社の見解を伝えてもらうということで、このA1人だけのために、会社からは、部門長と人事課長、組合からは私とAが出席し、正式な労使協議の場を持つこととなりました。

その席上でも、Aは自分のことはすべて棚に上げ、自分がいかに優れているか、自分がいかに不当な扱いを受けているかを蕩々と語りましたが、それ以上に、会社は周囲の社員のAに対する苦情を聞いています。

当然、会社は、Aの訴えは一切聞かず、最終的に部門長がAに面と向かって「君はチームとして活動する仕事には向いていない。君をチームの一員として働かすこと無理だ」との言葉を投げかけていました。

・Aは自分の振舞いを全く反省せず

私は、組合役員として専従している間に、様々な苦情処理に立ち会いましたが、部門長にここまで面と向かってはっきり能力を否定された社員は後にも先にもAのみです。

この部門長の言葉をもって労使協議を終了したのですが、Aは、ここまで部門長に言われても、全く自分が悪いとは思っていませんでした。

その後、組合に頼っても無理と悟り、私のところに来る頻度は減ったのですが、その分、産業医の先生のところに頻繁に通うようになり、会社と組合の不誠実な対応を産業医の先生に訴えるということを繰り返していました。

産業医の先生が、「メンタル不調になりそうだ」と、私のところに助けを求めにくるほど、ひどい状態だったのですが、ある日、Aが交通事故に遭い、半年ほど会社への通勤が不能になりました。不謹慎ですが、私も産業医の先生も、しばしAの対応から逃れることができるということでほっとしたのを覚えています。

・Aのためだけに退職金割増制度を創設

最終的にAは退社するのですが、現行法制下では、あからさまな退職勧奨はできません。そのため、Aのためだけに、Aが休職中にこれまでなかった退職金割増制度を創設し、Aが復職した際に、退職金を上積みするという形、いうなればお金で解決するという手段をとり、何とかAを退社させることができました。

長くなりましたが、以上が、私が一番苦労した先天性社会不適合社員に対する対応と流れです。

トラブルメーカー社員退職までに要した会社・組合への負の影響

このAの退職までに要した会社への負の影響を列記すると、おおよそ次のようになります。

・暴力沙汰となったAとBに関する状況のヒアリングおよびその対応に要した時間。
・Aが自分本位の言動を繰り返すことによるA周辺社員のモチベーションに対する悪影響。
・当時組合支部責任者だった私がAの対応に要した時間。
・Aに対する苦情処理に当たっていた部門人事部の時間。
・Aの処遇に関する労使協議を開催するために要した部門長の時間。
・Aが産業医の多くの時間を取っていたため十分な相談ができなかった社員。
・A1人のために構築した退職金割増制度設計に要した時間。

まだまだ細かいことを上げればキリがないのですが、1人の先天性社会不適合社員のため、会社は多くの貴重な資源である、ヒト・モノ・カネを費やさざるを得なくなりました。

トラブルメーカー社員対策ですべきこと

今回紹介した事例は、最もひどいものでしたが、それ以外でも先天性および環境依存型の社会不適合社員は、会社に多くの負の影響をもたらします。

いったんそのような社員が入社すると、大変な労力をかけて対応することになるので、そのような社員は入社させないことが一番です。

短い面接時間で社会不適合社員をすべて見抜くは難しいです。そのため、少しでも不適合社員選抜の確率を向上させるための対策として、図表18のような適正検査の導入を検討してみてください。

【図表18　主な適性検査とその特徴】

検査名	検査項目	所要時間	コスト
CUBIC	計測できる要素が多く、採用選考から人事異動、人材開発、組織活性化まで様々な場面で活用可能。	30分	初期費用￥30,000 ＋￥1,500／名
Compass 適性検査	入社後の教育・研修で育成しにくい先天的な性格・地頭を判定。 キャリアの浅い採用担当者でも簡単に利用できる。	20分	￥2,000／名
SCOA	基礎的な知的能力から、その人が生来から持っている気質、経験により培われた性格特徴や意欲・態度、実務的能力に至るまで、総合的な診断が可能。	145分	￥4,400／名
不適性検査スカウター	業界問わず、定着しない、成長しない、頑張らない人材に共通する「不適性」な傾向を見極める。	能力/30分 資質/15～20分 精神/10～15分 定着/10～15分	能力検査／￥0 資質検査／￥800 精神分析／￥500 定着検査／￥500
ビジョニングサーベイ	サーベイ採用してはいけない3タイプ「メンタル的問題」「トラブルパーソン」「不正（を働く可能性のある人）」を判定できる適性検査。	性格適性/25分 記述式質問/15分 計算問題/10分 数学図形等の問題/20分	￥4,000／名

多少の費用は必要となりますが、不適合社員を入社させ、その対応に会社資源を割くよりは、ずっとリーズナブルです。

適正検査が万能というわけではありません。検査結果と面接で収集した情報を組み合わせることで、より社会不適合社員入社リスクを低減させることが可能となります。

社会不適合社員に対する対応は退職!?

いくら気をつけていても、社会不適合社員の入社をゼロとすることは難しいです。もし、入社してしまったときの対策はどのようにすればいいでしょうか。

前述の具体例で提示しましたが、万が一モンスター級の社会不適合社員が入社してしまうと、それに対応するための労力を割かれる上に、周囲のモチベーションを下げてしまう恐れがあります。そのため、一番の対策は、すぐに退職してもらうことです

しかしながら、無理な退職勧奨は、かえってトラブルのもととなります。穏便に退職してもらうために一番適しているのは、やはり金銭です。

散々会社に迷惑をかけてきた人間に、金銭を与えることに抵抗を感じる向きがあるかもしれませんが、社会不適合社員は利にさとい者が多いので、退職金を上乗せして、自社より他社のほうがもっとあなたが活躍できる環境があるのではないかと、退社に誘導するとスムーズにいく可能性が高いです。

ただし、事前に退職金上乗せ制度を構築しておく必要があります。しかし、危機管理の観点からは、皆が利用しやすいような制度を構築すると、優秀な人材が構築した制度を利用して退職してし

まうリスクがあります。したがって、制度利用には、人事評価が平均よりも著しく劣る者や業務に対する意欲が著しく低い者など、何らかの制限を設けておくことが必須です。

４　社外ユニオン対策

厚生労働省の調査によると、２０２０年の労働組合の組織率は17・1％となっています。多くの会社、特に中小企業では、労働組合が組織されていない会社も多いのではないでしょうか。そのため、中小企業の社長や人事担当者にとって、組合問題を会社経営上のリスクと捉える向きはあまりないかもしません。しかしながら、社内に労働組合が組織されていなくても、社外に組織されている労働組合に、自社の社員が加入することは可能です。

したがって、会社経営上のリスク管理の一環として、組合対応も念頭に置いておく必要があります。

社内に労働組合はなくとも加入可能な社外ユニオン

日本で労働組合というと、企業別に組織され、それぞれが企業名を冠して○○組合との名称でその企業に属する組合員の賃金や労働条件の向上のために活動している姿を思い浮かべるかと思います。しかし、このような企業別労働組合と呼ばれるものは、前述したように日本全体の労働者の

17%ほどしか加盟しておらず、その多くが大企業に属している社員で構成されています。

こうした企業別労働組合とは異なり合同労組・ユニオンは、一定の地域ごとに結成される、労働者1名からでも加盟することのできる労働組合のことです。

合同労組・ユニオンに加盟しているのは、主に中小企業、小規模企業の従業員です。社内で組織される組合がないことから、必要な組合活動を求めて、社外にその場を求めていることが多いからです。

企業内労働組合は、会社の発展がそこに属する組合員の利益となるため、多くは労使協調路線をとり、表立って会社と争うことは少ないです。

そのため、そのような活動に満足できない一部の大企業の社員も、賃下げ、ハラスメント、未払残業代などの労使トラブルの際、問題解決を求めて、社外のユニオンに加盟しているとのケースもあります。

活動中の主なユニオン

現在日本で活動している主なユニオンは次のとおりです。

- 全国コミュニティ・ユニオン連合会（略称：全国ユニオン、連合に加盟）
- 全日本自治団体労働組合全国一般評議会（略称：自治労全国一般、全日本自治団体労働組合（自治労）を通じて日本労働組合総連合会（連合）に加盟）

・コミュニティ・ユニオン全国ネットワーク（略称：ユニオン全国ネット、全国ユニオンの母体組織）
・全日本自治団体労働組合全国一般評議会（略称：自治労全国一般、全日本自治団体労働組合（自治労）を通じて日本労働組合総連合会（連合）に加盟）
・全労連・全国一般労働組合（略称：全労連・全国一般、全国労働組合総連合（全労連）に加盟）
・青年ユニオン（全労連に加盟）
・首都圏青年ユニオン全国一般労働組合全国協議会（略称：全国一般全国協、全国労働組合連絡協議会（全労協）に加盟）
・フリーター全般労働組合（略称：PAFF、独立系労働組合）全国繊維化学食品流通サービス一般労働組合同盟（略称：UA ゼンセン、連合に加盟）
・全日本建設交運一般労働組合（略称：建交労、全労連に加盟）
・フリーター全般労働組合（コミュニティ・ユニオン全国ネットワークに加盟）
・大阪地域合同労働組合（１９７２年結成の大阪府下の中小企業・保育園などを組織する地域合同労組。大阪地方ユニオンを通じて日本労働組合総連合会（連合）に加盟）
・北大阪合同労働組合（大阪の北摂地域を拠点とする地域合同労働組合）

社外ユニオンへの対応は多くの労力が必要になる

様々なユニオンが全国で活動していますが、自社の社員がユニオンに加盟したらどうなるでしょうか。

会社にとって労働組合は、賃金や賞与アップの協議に応じたり、社内の制度を改正する際には、事前に協議が必要になったりと、余計な労力を割かれる組織と感じているかもしれません。しかしながら、先にも触れたように、企業内労働組合であれば、無茶な額の賃金や賞与アップを要求することはまずありません。また、一部の過激な労働組合は別として、交渉がもつれても最終的は会社の方針に従うことになるのが常です。

もし、会社の体力を奪うような要求をして、会社の経営が傾くようなことになると、会社に労働力を提供し、その対価として賃金を得ている組合員＝会社員が困ることになるのが自明の理だからです。

そのため、企業内組合であれば、会社が組合との協議に真摯に対応し、お互いの信頼関係を高めることで、むしろ組合は会社のよき理解者となります。

もし、会社経営が好ましくない状況になり、賃金カットや労働条件の低下を社員にお願いするような事態になった際も、労働条件の不利益変更ということで、組合がなければ会社は1人ひとりの従業員に低下する条件を説明し、その同意を得ることが必要になるかもしれません。しかし、組合があれば、組合との協議で合意すれば、組合員1人ひとりに説明と同意を求める必要はありません。

また、不利な条件で会社と合意した組合に説明責任があるため、組合員からの苦情があっても、直接会社が対応する必要はなく、組合役員が矢面に立って組合員からの苦情に対応することになります。

労働組合や、組合活動というと会社経営にとってネガティブなイメージを持つ会社経営者や人事担当者の方も多いですが、企業内組合の多くは、労使協調路線をとることで経営の発展に寄与しているケースが多いです。

しかしながら、企業外で組織されているユニオンは、交渉相手の企業の発展との考えを念頭に置いて交渉するということはあまり期待できません　ユニオンを頼って、組合費を払って加盟してきた1個人の利益を念頭に置き活動します。そのため、当然、ユニオンの要求は苛烈になりますし、その要求をはねつけるための協議にも多くの時間を割かなければならなくなります。

また、ユニオンは、自分たちの要求を通すためであれば、示威的行動をとることも厭わない場合があります。すなわち、世間の耳目を集めるため、会社の前でユニオンメンバーが集まり、会社を批判するビラを撒いたり、街宣車を横づけして抗議活動をするなどの活動をされるリスクがあります。

そのようなリスクを避けながら、ユニオンの苛烈な要求に対して、粘り強く時間をかけて協議をしていくのは、大変な労力を消費することになります。

社外ユニオンに駆け込まれる前にすべきこと

自社で労働組合を組織しない場合は、社員の相談や苦情の持って行き先として、社外ユニオンが選ばれてしまうリスクがあります。そのような事態を招かないよう、日頃から社員の要求や苦情に対して真摯に対応していくとの姿勢が重要です。

中でも注意が必要なのは、労働条件の不利益変更を実施するときです。特に賃下げをする際にはトラブルが頻発しています。

そうしたトラブルにより社員がユニオンに加盟するような事態を招かないよう、賃下げを実施する際の具体的手順について詳述します。

① 賃下げの効果について検討

今後の売上予測をもとに、賃下げをしなかった場合の経営状況、賃下げをした際の効果はどの程度上がるのかなど、詳細にシミュレーションし、賃下げが必要な額と期間を概算します。社員から賃下げに対する理解を得るために、役員報酬についても減額とし、その額・期間についてもシミュレーションします。

② 社員に対する説明

社員にとって最悪な事態は何でしょうか。まず考えられるのは、自分が勤めている会社が倒産し、何の補償もない、もしくは最低限の補償しか受けられず、自らの働き口をなくすことです。

次に考えられるのは、会社は存続するものの、自分が解雇されてしまうことです。日本では簡単に社員を解雇することはできませんが、存続が危ぶまれる事態に追い込まれれば、解雇も認められる可能性があります。

そのため、社員に対する説明に際しては、「自らの働き口をなくすという最悪の事態を避けるために賃下げが必要な措置であること」を説明してください。

その際には、①で実施したシミュレーションをもとに、具体的な数字を示し、社員の理解を得ることが必要です。

まずは、役員が率先して報酬をカットすることを説明します。

また、難しいかもしれませんが、賃下げが必要な期間を明示することが求められます。社員はそれぞれ自らの生活を守らなければいけないので、賃下げは受け入れがたいことです。しかしながら、会社の置かれた状況を理解する中で、倒産や解雇といった最悪の事態を避けることができ、加えて、賃下げという我慢を強いられる期間が明示されることで、多くの社員からは、納得は得られなくても理解は得られる状態になります。

社外ユニオンに駆け込まれることを未然に防ぎ、会社の意図した賃下げに踏み切ることができるよう、社長を始めとする会社経営者が、１人ひとりの社員に誠意と熱意をもって説明することが重要です。

③　賃下げに向けた手続

社員に対しては、説明するだけではなく、一定の手続が必要となります。従業員が９名以下で、就業規則を作成していない場合は、従業員とそれぞれ締結している労働契約の内容を変更し、賃下げを実施します。就業規則を有しているのであれば、就業規則を変更して賃下げを実施します。

賃下げは、不利益変更に該当するため変更に際しては事前に十分に社員に説明してください。十分な説明をせず強引に推し進めると、社員の反発を招きユニオンに駆け込まれるリスクが高まります。

社員がユニオンに駆け込むリスクが高いハラスメント

また、もう1つ社員がユニオンに駆け込むリスクが高いのがハラスメントです。まずはハラスメントが社内で発生しないよう、第4章で詳述した対策を実施してください。

その上で、社員がユニオンへ駆け込むのを防ぐには、ハラスメントなどが発生した際の通報や相談窓口の設置です。

安易に社員がユニオンに駆け込むことがないよう、常時相談や通報できる窓口を設置し、相談した社員の秘密は厳守する、相談した社員に対して不利益な扱いをしないことを徹底した上で、社内に通報・相談窓口があることを周知してください。

相談した社員に対して、不利益な扱いをすることのないよう、通報・相談窓口で対応する社員には、事前に十分な教育を施すことが重要です。

相談した社員が、その対応に不満を持ち、そのことをユニオン訴えることになれば、本末転倒ですので、十分な注意が必要です。

社内でそのような窓口を運用できないのであれば、外部の信頼できる弁護士や社労士事務所に委託することも検討してみてください。

第5章　コンプライアンス違反が招く危機

1　会社を守るコンプライアンス

コンプライアンス遵守は当然のこと

コンプライアンスとは、日本語で直訳すると「法令遵守」の意味になりますが、もっと広い意味で、法律として明文化されてはいないが、社会的規範として認識されているルールに従って企業活動を行うことと捉えられています。

企業活動を行う上で、コンプライアンス遵守は当然のことです。コンプライアンス違反を犯してもいいかと尋ねれば、１００人中１００人の応えはNoになると思います。

企業の命題である売上・利益増とコンプライアンス遵守の狭間で決断を迫られることがある

コンプライアンス違反を根絶すると口で言うのはたやすいですが、実際に根絶できるかというと、一筋縄ではいきません。なぜなら、企業は、売上を伸ばし、利益を上げ続けていかなければならないという宿命を背負っているからです。

企業に勤めている社員・役員も自らの倫理規範を持っており、進んでコンプライアンス違反というリスクを冒したいとは思っていません。

しかしながら、コンプライアンス違反が起きてしまうのは、企業の命題である売上・利益増とコンプライアンス遵守の狭間で決断を迫られる場面に遭遇してしまうからです。

コンプライアンス違反が公になると企業のレピュテーション（評判）は地に落ちる

会社が求める売上・利益とコンプライアンス遵守の二者択一を迫られる場面であっても、全社員がコンプライアンス遵守を選ぶ、そのための社内体制を構築することが、長い目で見ると会社を守ることにつながります。

近年は、企業のコンプライアンス違反に対する世間の目が厳しくなっています。１度企業がコンプライアンス違反を犯し、そのことが公表されると、その企業のレピュテーションは地に落ちてしまいます。

いったん地に落ちた評判をもとの水準まで回復させるには、相当な時間を要します。そのような事態に陥ることのないよう、社内にコンプライアンス遵守ができる体制を構築し、正しく運用していくことが求められます。

典型的なコンプライアンス違反事例

コンプライアンス違反で世間の耳目を集めた例は、次のほか枚挙に暇がありません。

・三菱自動車で燃費データを改ざん

エコ意識の高まりとともに、自動車を選ぶ基準として、燃費を重視するとの傾向が高まってきた中、データを改ざんし、実際より低燃費であると偽装していた。

・**日産自動車で無資格者が完成検査を実施**

自動車の完成検査は、国に認められた資格を有する者が実施しなければいけないが、無資格者が検査を実施し、それを有資格者が実施したように偽装していた。

・**電通で社員が過労自殺**

労働基準法を大幅に超える残業をしていた女性社員が過労自殺した。

これらのコンプライアンス違反事例は、大きく報道されたこともあり、それぞれの会社のレピュテーションは大きく傷つきました。

ここに例に挙げたのは、日本人なら誰もが知っている超有名な大企業ですが、このような企業であっても、重大なコンプライアンス違反を犯してしまいます。

これらの企業は、コンプライアンス違反を防ぐための取組みをしていたのかもしれませんが、違反が発生する仕組みを理解し、それを踏まえた対策を講じないと、コンプライアンス違反の発生を防ぐことができません。なぜなら、営利企業である限り、その成立ち上、コンプライアンス違反を犯してしまうシステムを内包しているからです。

会社というコンプライアンス違反を生み出してしまうシステム

会社は、毎年売上計画を立て、その計画が達成できるよう全社員が一丸となって取り組みます。

営業の社員であれば、1人ひとりがいわゆる「ノルマ」を持ち、そのノルマ達成度によって将来の昇格や賞与の額が決まるといった制度をとっている会社も多いのではないでしょうか。

営業社員が獲得してくる売上数字は、会社の売上に直結します。そのため、営業部の統括管理者は、配下の営業部員にノルマの達成を強く求めます。

営業社員も、ノルマの達成度合いが自らの昇格や賞与額に影響するとなれば、必死になってノルマの達成を目指します。

このような状況は、営業現場だけではありません。例えば、会社の売上状況が厳しく、経費管理が厳しくなった事業所などでありがちなのが、いわゆるサービス残業です。

残業代は、容易に削りやすいことから、会社から経費削減を厳命された部門長が、業務量は減っていないのに、残業をするなとの指示を出すだけで、アッという間に会社にサービス残業が蔓延することになります。

残業代未払いは、れっきとした法律違反であり、そのことが公になれば、当局からの指導や罰則を課されるだけではなく、世間からもブラック企業とのレッテルを貼られてしまう恐れがあります。

社員は利益を上げることとコンプライアンス違反の板挟みになっている

企業は、利益を上げ続けることが求められており、そのために最適な組織体制を構築しています。

会社組織を構成する社員にも、その体制に則り、最大限の利益を上げることが求められます。

このような会社というシステム下では、その構成員である社員は、コンプライアンス遵守より、利益を上げることを選んでしまうのは、ある意味仕方がないとも捉えることができます。

しかしながら、仕方がないとコンプライアンス違反を容認していると、会社は将来そのツケを払うことになりかねません。

多くの場面で、社員は、会社が求める利益を上げることとコンプライアンス遵守の板挟みとなっています。そのことを理解した上で、コンプライアンス違反防止に向け有効な対策を講じることが必要になります。

不正を防ぐ第一歩は社員を追い詰め過ぎないこと

人は、追い込まれると、正常な判断力を失います。実際にあった事例ですが、ある病院の薬剤部で、実際処方された薬の数と在庫の数が合わないことがありました。

人体に多大な影響を及ぼす薬ということもあり、厳重に管理していたにもかかわらず、何度見直しても、特定のメーカーの薬の在庫が合わない状態となっていました。

調べてみると、そのメーカーのMR（営業担当）が出入りしたときに限って、そのメーカーの薬が減っていることが判明しました。そのため、そのメーカーのMRを問い詰めると、薬剤師の目を盗んで自社の薬を持ち出し、捨てていたとのことでした。

普通の人にとっては、すぐにわかるような、また、リスクが高いことをなぜしたのかが想像もつかないことではないかと思います。

この事案の背景を調べてみると、自社の薬を持ち出したMRは、上司から営業成績が悪いことを責められ続けており、精神的に相当追い詰められた状態となっていました。そのため、担当先の薬が減れば、薬を発注してもらえると考え、何としても売上を上げて上司からの叱責を逃れたいとの一心で薬を持ち出してしまったとのことです。

このように、人は、本当に追い詰められると、その状況から逃げたい一心で、正常な判断力を失うことがあります。この事案は、極端な例ですが、不正を防ぐ第一歩は社員を追い詰め過ぎないことです。

ノルマ・目標未達の原因に応じた上司の対応が重要

ノルマを達成できない理由は様々です。上司が頭ごなしにノルマの未達を強く責めるのは、NGです。まずは、ノルマが達成できない原因を分析し、その原因に応じた解決策を部下に提示します。

担当先との相性が悪いのであれば、担当者を入れ替えてみる。部下のスキル・能力が足りないのであれば、上司が同行し改善点を丁寧に指導する。そもそもノルマが大き過ぎるのであれば、未達を責めないことです。

ただし、この未達を責めないことは非常に難しいです。なぜなら、目標とする数字が達成できないと、上司もまたその上の部門長などから叱責されることになるからです。

最終的に、社員の目標未達を責めないとの状態にするためには、会社として、無理な目標を掲げないとの結論に行き着きます。

一部の会社では、利益はそこそこでいいから売上拡大を目指さないとの方針を掲げているところもあるようですが、他社に比べて極めて高い競争力を有する、市場を独占できるような商品を持つような超優良企業以外、そのような方針で会社を経営するのは困難です。

多くの会社は、他社に先んじて少しでも多く売上を伸ばす、シェアを拡大するとの姿勢がないと、競合他社との厳しい競争を勝ち抜いていくことができません。

コンプライアンス遵守の徹底に向けた厳罰化

競争に負けてしまえば、会社としての存続が危うくなってしまいます。もし、会社が倒産してしまえば、そこで働く社員とその家族を守ることができません。そのため、資本主義の競争社会において、会社は、他社に先んじて少しでも多くの利益を追求し続けることが求められます。

そのような中で、社員は会社から求められる利益追求とコンプライアンス遵守の間で板挟みになるのですが、会社として利益を追求する姿勢を緩めることができないのであれば、コンプライアンス違反を根絶するためには、コンプライアンス遵守のほうを厳しくするしかありません。

すなわち、コンプライアンス違反者の厳罰化です。ただし、コンプライアンス違反の抑止力として厳罰化を推進するに際しては、まず、厳罰化に向けた社内手続を順を追って進める必要があります。

まず、社員を処分する前提として、就業規則に懲戒の種類やその内容、どのような場合にどの懲戒処分が該当するかなどを記載しておく必要があります。

その上で、社員のコンプライアンス違反を厳罰にするとの方針を会社経営層から社員に周知します。

通常、社員を懲戒に処す際は、懲戒処分を受けた社員間に、その程度に不公平が生じないよう、同じような行為であれば、同じような処分とすることが通例です。

例えば、会社支給の携帯電話を何度も私用で使用した社員を、過去の懲戒は出勤停止３日間としていれば、同じような行為をした社員には同じような処分としていると思います。もし、同じ携帯電話の私用で同程度の頻度なのにもかかわらず、今回の社員の処分は降格処分とすると、社員が受ける不利益のバランスがとれません。

そのため、降格処分とした社員から、不利益の程度が大き過ぎるとの訴えを起こされるリスクがあります。

したがって、コンプライアンス違反を厳罰に処すとの方針を実行に移す際には、今後は、過去の処分の重さに関係なく、重い処分を下すことを社員全員に周知しておく必要があります。

また、社員全員にコンプライアンス教育を実施し、コンプライアンス遵守に対する意識を高めておく必要もあります。

会社として、厳罰にすると周知し、コンプライアンス遵守に関する教育を実施したにもかかわらず、コンプライアンス違反を犯した。だから厳罰に処すとする一連の流れを社内できちんと確立しておいてください。

厳罰化に際しては、上司にも連帯責任をとらせることが必須

厳罰化により、ある程度コンプライアンス違反発生のリスクを低下させることができます。しかしながら、会社の本質は、利益追求組織ということに変わりはありません。そのため、社員が利益追求とコンプライアンス遵守の板挟みになるとの状況が改善されることはありません。

したがって、違反者のみを厳罰に処すのではなく、違反者を出した部署の責任者に連帯責任をとらせることが必要です。上司から追い込まれることでやむにやまれずや、正常な判断力を失ってコンプライアンス違反を犯す社員の発生を防ぐために、違反者の上司も厳罰に処すことで、部下を追い込み過ぎることを防ぎます。

部下のコンプライアンス違反により、自分も厳罰に処されるとなれば、ただ部下を責めるのではなく、部下をフォローしながら目標達成に導くとの姿勢が期待できます。

負のモチベーションから正のモチベーションに転換する

コンプライアンス遵守に軸足を置くことによって、今までグレーな部分があったことで達成でき

ていたことができなくなり、未達になる社員が出てくるかと思います。

当然、未達になったことを責めるのではなく、次にどのような行動をとるべきかを上司と一緒になって考えます。

部下を叱責で追い込むのではなく、丁寧な指導で導くとの姿勢が部下に伝わることで、これまで負のモチベーションに突き動かされていたのものが、正のモチベーションに変わります。

人間誰しも期待されている、目をかけてもらっているということを感じると、それを意気に感じて、誰に指示されずとも、上司のため、会社のために頑張ろうとの気持ちを持つようになります。

コンプライアンス意識の徹底を契機に、叱責の恐怖という「負のモチベーション」から、期待されるという「正のモチベーション」に転換することで、一時的に売上・利益が減少するかもしれませんが、コンプライアンスを遵守しながらでも利益を出し続けられる体制に進化することで、将来的には健全に売上・利益を上げ続けることが可能となります。

厳罰化と同時に社内体制を整備する

個人がコンプライアンス違反を犯すリスクについては、厳罰化を契機に、「正のモチベーション」に転換することで低減することができますが、組織ぐるみの不正については、個人とその上司の連帯責任による厳罰化は抑止できない場合があります。

そのため、厳罰化と同時に、コンプライアンス遵守に向けた社内体制を構築することが求められます。

2　コンプライアンス違反を発生させない社内制度・風土づくり

内部通報制度の正しい運用の仕方

まず必要となるのが、内部通報制度です。内部通報制度とは、企業の経営上やコンプライアンス上のリスクに関する情報を知った従業員等からの情報提供を受けつけ、情報提供者を保護しつつ、調査・是正を図る仕組みです。

組織内の一部の関係者のみが情報を有し、隠蔽性・隠密性が高い不正は、日常的な業務におけるチェックや監査といった通常の問題発見ルートでは容易に発覚しません。

内部通報制度を適切に整備・運用することにより、従業員等からの警鐘が早期に会社幹部に届き、自浄作用により、問題が未然に防止または早期発見し得る上に、違法行為の抑止にもつながります。

また、内部通報制度を設けることにより、社員が、報道機関・捜査機関・行政機関等の企業外部にいきなり告発（内部告発）してしまうリスクを軽減することにつながります。

ただし、内部通報制度は、通報した従業員が守られる、制度を運用している部門や担当者が通報した社員の個人情報を絶対に守るなど、会社に対する信頼感が高くないと、せっかく制度を構築しても、社員が利用しないとの状況になってしまいます。

【図表19　内部通報制度運用に向けてのトップのメッセージ】

- コンプライアンス経営推進における内部通報制度の意義・重要性
- 内部通報制度を活用した適切な通報は、リスクの早期発見や企業価値の向上に資する正当な職務行為であること
- 内部規程や公益通報者保護法の要件を満たす適切な通報を行った者に対する不利益な取扱いは決して許されないこと
- 通報に関する秘密保持を徹底する
- 利益追求と企業倫理が衝突した場合には企業倫理を優先すべきこと
- コンプライアンス違反の発覚は企業の発展・存亡も左右しえること

そのため、内部通報制度を正しく運用していくためには、経営トップが図表19のようなメッセージを発することが必要です。

アビリーンのパラドクスとは

内部通報制度の構築は必要ですが、年がら年中内部通報があるのも考えものです。内部通報制度は、いざというときの最後の手段であって、理想は、内部通報を要するような事案が社内で発生しないことです。

そのためには、「アビリーンのパラドクス」に陥らない社内環境の構築が必要です。アビリーンのパラドクスというのは、次のような出来事を言います。

ある8月の暑い日、アメリカ合衆国テキサス州のある町で、ある家族が団欒していました。そのうち1人が53マイル離れたアビリーンへの旅行を提案しました。誰もがその旅行を望んでいなかったにもかかわらず、皆他の家族は旅行をしたがっていると思い込み、誰もその提案に反対しなかったというのです。旅行の結果は、道中は暑く、埃っぽく、とても快適なものではありませんでした。

ところで、提案者を含めて誰もアビリーンへ行きたくなかったということを皆が知ったのは、旅行が終わった後だったのです。

アビリーンパラドクスは、「集団思考」の現象の1つと考えられており、集団の動きに反対したり、流れからはみ出ることに不安感を抱くことが発生原因の1つです。

また、コミュニケーションが円滑に取れていない集団の中でも起こりますし、集団内のコミュニケーションが一定方向にしか取れていない（トップダウン）ケースでも同様に起こると言われています。

社内における「忖度」をなくすことが重要

2021年3月、コロナ禍で大人数での会食はしないよう呼びかけられていた中、その呼びかけを行っていた厚生労働省の職員が23名という大人数で夜遅くまで会食していたことが判明しました。報道によると、組織の責任者である課長が、大人数での会食を発案したとのことで、部下はおかしいとは思っていたものの言い出すことができなかったとのことです。

「誰もおかしいと発言しないから、皆それでいいと思っている。その場の空気を忖度して、反対意見を言うのはやめよう」と考え、誰も何も発言しないとの状態、まさに、「アビリーンのパラドクス」状態に陥っていたのではないでしょうか。

特に「アビリーンのパラドクス」が起こりがちなのが、「声が大きい」人間が発言した意見に対して、本当は違う意見があるにもかかわらず、それを表明しない（できない）人が一定数いるとの状態です。

この状態は、非常に危険で、おかしなことがあっても、誰もそれを指摘しないから、自浄作用が働かず、ズルズルとコンプライアンス違反が続くといった状態に陥ってしまいます。このような状態とならないよう、組織内における「忖度」をなくすことが重要です。

上司のマネジメントの重要性

人事や評価権をもつ上司に対して、おかしなことがあっても部下からはなかなか言い出せないものです。したがって、上司からことあるごとに忖度のない発言を部下に求めていくことが必要です。会社としては、「何でも指摘し合える組織風土の醸成」を目標として掲げ、上司はそのような組織風土を醸成するために率先した取り組むことが求められます。

また、上司は、部下からおかしいと思ったことを報告されたら、それが自分の行いや振舞いであれば、素直に自らを省みて、反省すべきは反省し、それが自分ではなく、部内の他の人間のことであれば、改善が必要と判断すればきちんと改善するよう指導することが重要です。

せっかく部下が勇気を出して報告してくれたことに対して、何も行動をとらない状態が続くと、部下は言っても無駄だとの状態になります。

もし、自分の部内で重大なコンプライアンスや法令違反が進行していても、誰もそのことについて報告しなくなり、気づいたときには手遅れとの状態になる恐れがあります。

報道機関や行政機関への不正通報の大半は不正があった会社に所属する社員によるもの

会社のコンプライアンスや法令違反が表沙汰になるのは、そのほとんどが社員による内部告発です。何度か上司に報告したが、取り合ってもらえなかったや、内部通報窓口に報告したが、何もリアクションがなかったといった状態が続くと、社員は会社に言っても無駄と諦めます。

そして、そのような環境下の社員が、コンプライアンスや法令違反の状況に耐えきれず、マスコミや規制当局などに告発して多くの報道機関に取り上げられるようになります

いったん報道機関に社名が報道されてしまうと、会社のレピュテーションは地に落ちてしまいます。社員はもとより、社員の家族も世間の批判にさらされることになります。

また、新卒の採用にも影響が出て、優秀な社員を採用できなくなる恐れもあります。そのような事態に陥らないよう、上司の教育を通じて、アビリーンのパラドクスに陥らない、風通しのいい組織とすることが求められます。

人はなぜ不正をするのか

社員が不正に陥りやすくなる状況について、アメリカの社会学者D.R.クレッシーが不正のトライアングルとして図表20のような3つの要因を掲げています。

●プレッシャー・不満の抱え込み

営業の社員であれば、自分に与えられたノルマを達成できないというプレッシャー、営業ではな

【図表20　不正のトライアングル】

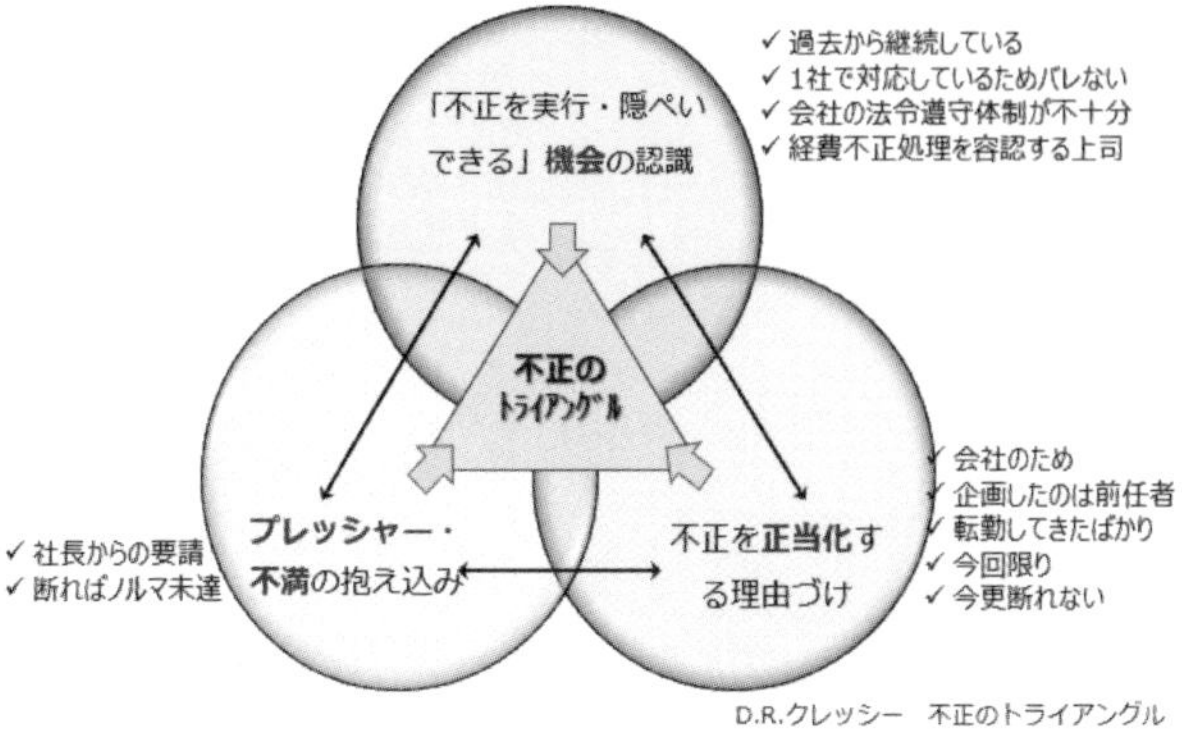
「不正を実行・隠ぺいできる」機会の認識
✓過去から継続している
✓1社で対応しているためバレない
✓会社の法令遵守体制が不十分
✓経費不正処理を容認する上司
不正のトライアングル
プレッシャー・不満の抱え込み
✓社長からの要請
✓断ればノルマ未達
不正を正当化する理由づけ
✓会社のため
✓企画したのは前任者
✓転勤してきたばかり
✓今回限り
✓今更断れない
D.R.クレッシー　不正のトライアングル

くても、短い期日で仕事を仕上げることのプレッシャーなどで、これは先ほど見てきたように、不正の一番の原因として、まず排除すべきことです。

●不正を実行・隠蔽できる機会の認識

容易に不正を実行できる状況にしないことが重要です。

今まで部下の仕事内容をチェックしてきたが、長く勤務し仕事に慣れている、忙しくなったなどの理由で、チェックせず、すべて部下に任せるといった状況はないでしょうか。

特に規模があまり大きくない会社だと、長く勤めてきたベテラン社員１人に経理をすべて任せているといった状況はないでしょうか。

上司のチェックがなく、不正を実行できる・隠蔽できる機会があると、お金に目がくらんでしまい、不正経理を働くとのリスクが高まります。

２０１８年１月に発覚した、住友重機労働組合連合会における横領事件では、10億円もの莫大な金額が１人の経理担当者によって着服されていました。何年にもわたり、10億円ものお金が流失していたことに、労組の幹部はなぜ気づかなかったのでしょうか。

ベテランで経験豊富なこともあり、経理全般を任せきっていたのかもしれませんが、お金を自由に扱うことができる機会を部下に与える場合は、上司が折に触れてチェックすることが求められます。

●不正を正当化する理由づけ

実際は出張していないのに出張したと申請し、カラ出張を繰り返し、不正に日当を受け取っていた社員がいました。この社員に事情を聞くと、会社のためとの主張を繰り返していました。カラ出張で不正に日当を受け取ることがなぜ会社のためなのか、全く結びつかなかったのですが、この社員の主張は次のとおりです。

「営業成績を上げるには、担当先と人間関係を構築する必要があるが、そのために必要な交際費などの経費が十分ではない。

そのため、カラ出張の申請をし、そこで得た日当を交際費として使用していた。カラ出張は悪いことかもしれないが、そこで得たお金は自分のために使用したのではなく、少しでも売上を上げるべく、会社のために使用していた。会社の業績向上のための行為であり、そこまで悪いことをしたとは思っていない」。

この社員が本当にカラ出張で得たお金を、すべて会社のために使用したのか定かではありませんが、会社のためであれば、多少法や会社の規定に触れることがあっても許されるといった思考に陥る社員が出ないよう、注意しておくことが必要です。

人はなぜ不正をするのかとの視点からも対策を講じることが必要

会社という利益追求組織においてコンプライアンス遵守を徹底させるためには、人がなぜ不正をするのかといった視点からも、対策を講じておくことが必要になります。

・プレッシャー・不満を抱え込ませない

どんな社員でも多かれ少なかれプレッシャー・不満を抱えて働いています。それら不満・プレッシャーに耐えられなくなる、もしくは自分の中で処理しきれなくなるまで社員を放っておくことは厳禁です。

育児休暇等で欠員が出ているのに、人員の補充をせず、必要人員より少ないまま働かせていることはないでしょうか。また、営業成績が不振な社員を何のフォローもせず、放置しているようなことはないでしょうか。

部下は、自分の評価が下がることを恐れて、上司に対し仕事量が多過ぎてできない、きついなどとは言い出しづらいものです。上司が常に部下の状態を把握し、適宜部下がプレッシャー・不満をため込まないよう、フォローすることが求められます。

・不正の機会を与えない

社員を信頼しても放任してはいけません。特に、同じ部署で長く同じ業務についている社員は、自らのテリトリーを設定し、上司にさえその業務を触れさせないや、自分にしかできない方法論を確立し、仕事のプロセスがブラックボックス化しているなどといった状態となったまま放置されていることがあります。そのような状態は不正を生む温床となっている場合がありますし、また、その状態が容認されていると、他の社員の規範意識に悪影響を及ぼします。

上司が部下の業務内容やプロセスを把握していないといった状態は、厳に排さなければなりません。部下に、常に見られているとの緊張感を持たせることが不正の機会の撲滅につながります。

部下の発言・振舞いに現れる不正の兆候

不正の兆候は、部下の発言・振舞いに現れますので、部下が次のような発言をしていたら注意が必要です。

- 多少問題はありますが、大きな問題ではありません。
- 過去にも同様の対応をしていますから、大丈夫です。
- これくらいは他社はどこでもやっています。
- この実績を失ったら営業所のノルマが達成できません。困るのは課長です。
- 今更断れないです。今回限りにします。

常日頃から部下の発言・行動には気を配り、社員がコンプライアンス違反を犯すことのないよう、マネジメントをすることが会社を守ります。

第6章　東日本大震災における危機管理を経験してわかったこと

２０２１年で、東日本大震災発生からちょうど10年を迎えました。津波による甚大な被害を受けた地域や原発事故の影響を受けた地域は、復興までの道のりは未だ道半ばのようです。

震災当時、私は労働組合の事務担当責任者として、被災地、特に原発に近かった福島県在住の組合員対応、および自然災害に対する危機管理のあり方に関する労使協議の中心メンバーとして関わっていました。

その当時も、会社は危機管理については問題意識を有しており、震度５強以上の地震が発生した際には、自動で社員個々の携帯電話に安否確認メールが送られてくるシステムなどを積極的に導入していました。また、大阪・東京の本社に非常用の水・食料を備蓄するなどの対策も講じていました。ただし、２００９年に新型インフルエンザが流行したこともあり、地震や津波などの自然災害対策よりは、どちらかというと感染症のパンデミック対策のほうに重きを置いているといった状況でした。

私も、労組の代表として会社と危機管理制度を構築していく中で、医薬品企業の使命である、生命維持に欠かせない薬の供給をいかなるときであっても途絶えさせないといった命題のほうに意識が向いていました。

そのような中、東日本大震災が起きてしまいました。幸いなことに、自社の社員とその家族に大きな被害はでなかったのですが、十分な危機管理体制が構築できていなかったため、現地の社員は大変な目に遭っていたと後から聞かされました。

当時は、最前線で震災対応に当たっていましたので、その経験から学んだことを、ここでお伝えしようと思います。

1　非常時における社員の安否確認において重要なこと

震災直後は安否確認メールに返信できない状態に

会社は、自動で安否確認を配信するサービスに加入しており、震災直後に該当の社員には、安否確認メールが送付されていました。

しかしながら、震災直後から現地との通信が繋がりづらくなり、安否確認のメールは届いても、それに返信できない状態となっていました。

そのため、現地の上司が直接電話し安否確認をしていたのですが、社員とその家族全員の安全が確認できるまで、丸１日以上もかかってしまいました。

また、本社から現地の状況を把握したくても、電話がほとんど繋がらない状態だったため、会社として全体の被害の状況を確認するのにも大変な時間を要していました。

非常時の連絡用に本社・支店間に衛星電話を導入

ここから教訓を得て、本社と支店間などの連絡手段として、震災時のような非常時でも途切れるリスクが低い衛星電話を導入しています。

また、私もそうでしたが、社内の主要な危機管理メンバーの携帯電話のSIMを、混雑時でも優先的に繋がるものに入れ替えました。

さらには、震災発生時のマニュアルとして、電話回線が繋がりづらい場合でも、インターネット回線を利用したSNSなどのツールは繋がりやすいので、現地の安否確認にはSNSの利用を推奨するなどの文言を加えています。

従業員安否確認機能に津波発生アラート機能を付加

このように、様々な改善を施したのですが、一番ポイントとなったのは、従業員の声をもとに新たな機能として設置した「津波アラート」です。

従業員から、「震災後すぐに安否確認のメールが来た。返信できないでいると、度々メールで確認を求められたが、もし、津波に流されていたら安否確認への返信どころではない。津波が発生した際には、安否確認の前に、津波の発生を知らせるアラートを配信すべきではないか」との意見が寄せられました。

実際、私も震災発生後、ほどなくして現地の視察に行きましたが、沿岸部に立地している医療機関は2階まで津波の被害を受けていました。

沿岸部の医療機関を担当しているMRの不安を考えればもっともなことなので、会社もこの従業員の意見を取り入れ、津波発生アラートの機能を付け加えることになりました。

沿岸部で業務に従事する社員には津波発生時における避難所の情報を提供

また、私が視察に行った際には、アラートがあってもどこに避難したらいいかわからないとの声もあったので、各自治体が作成している避難情報のパンフレットなどを、沿岸部担当のMRに配付し、あらかじめどこが避難場所になっているのか確認するようにしました。

南海トラフを震源とするマグニチュード8から9クラスの大地震の発生確率は、今後30年以内に70〜80％とされています。

沿岸部で活動する機会がある会社は、従業員の安全にも配慮した津波対策を講じることが望まれます。

2　従業員とその家族が最低でも3日間は過ごせるだけの水と食料を備蓄しているか

従業員とその家族用に最低限の食料と水を備蓄しておく

震災発生直後から道路や鉄道などの交通網が寸断されたため、現地は食料やガソリン不足に見舞われました。現地の支店や営業所には食料を備蓄していなかったため、東京本社に備蓄していた食料を送付することにしました。

通常のルートではとても送り届けることができなかったため、日本海側を経由して、比較的被害が軽かった山形県を通るルートで食料などの物資を送付していました。何とか現地が困窮する前に、必要な食料を送付することができたのですが、毎回そうなるとは限りません。

備蓄食料を保管しておくスペースがなかなか確保できないところもあるかとは思いますが、現状、日本列島のどこで自然災害が発生してもおかしくない状況となっています。

従業員とその家族を守るという会社としての危機管理の一環として、最低3日分の従業員と家族用の食料と水を備蓄しておく必要があるかと思います。

備蓄食料は浸水の恐れがない場所に保管

ただし、備蓄しておく場所には注意が必要です。私が在籍していたT社では、東京本社は9階に食料と水を保管していたのですが、大阪本社は地下2階の倉庫に保管していました。

大阪市における津波や水害発生時のハザードマップを確認すると、大阪本社の位置していた場所は、最大2mは浸水するとされている地域でした。そのため、いざ必要という際に、備蓄物資が浸水により使いものにならなくなる恐れがあります。

社内に食料や水などを備蓄している会社は、その保管場所と自治体が公表しているハザードマップを照らし合わせ、いざというときに備蓄物資が水没していることがないよう備えておく必要があります。

3　社会からの要請と従業員の安全を両立させることの難しさ

原発事故発生時社員が郡山市といわき市に在住

震災発生時、一番の問題となったのが、福島の原発事故でした。福島では、事故により多量の放射線が漏れている状況となっており、福島駐在の従業員から、安全な場所まで避難するよう、会社から指示を出してほしいとの要望が上がってきました。

当時、会社の営業所は郡山にあり、また、いわき市にスモールオフィスがありました。いわき市は、原発から近いため、スモールオフィスの駐在員は全員郡山まで避難するようにとの指示は出ていたのですが、郡山については全員避難との指示は出ていませんでした。

競合他社の状況を確認すると、外資系メーカーを筆頭にほとんどの競合他社は、郡山から避難するようにとの指示が会社から出ているとのことでした。

会社の社会的使命の遂行と組合員の安全の両立が難しい状況に

この状況を把握の上、会社に郡山からの避難指示を出して欲しいとの要望を出しに行くと、会社の答えは「ノー」でした。理由は、自社のユーザー（病院・医院・薬局等）は郡山周辺から避難していないし、また、自社製品を運ぶ特約店も生命を維持する上で欠かせない「薬」の特性上、どこも逃げていない。必要なところに今も懸命に「薬」を配送している状況で、T社だけが逃げるわけにはいかないとのことでした。

会社の社会的使命と組合員の安全、両者が両立できない中、どのような判断が正解なのかわからない状況となりました。そのような状況下、郡山の組合員からは、全員の避難指示を早く出すよう会社に要望してほしいとの強い要請が矢継ぎ早にやってきます。

現地から社員が撤退することはなく現地で組合員との対話集会に臨む

会社は、郡山からの撤退を頑として譲らず、交渉は不調に終わりました。このままでは現地の皆さんの不安が高まるばかりなので、現地に向かい、郡山駐在の皆さんと直接対話をとる機会を持つこととなりました。

しかしながら、現地に向かう鉄路は開通しておらず、また、高速道路も寸断されていたので、結局現地に向かうことができたのは4月に入ってからとなりました。

東京から車で2時間半ほどかけて午後5時頃現地に入りました。現地は、思ったより穏やかで、特に混乱している様子もなく、郡山の駅前は学生も会社員も皆普段どおりの生活を送っているようでした。

午後5時半から福島駐在の方約30名との対話集会に臨みました。現地には女性社員も3名駐在しているはずでしたが、将来妊娠できくなるリスクが怖いとのことで、原発事故以降、女子は誰も出社していないとのことでした。

営業所や自宅マンションなどコンクリート製の建物の中は安全だが…

現地の皆さんが一番不安に思っていたのが、当然のことながら放射線を浴びることによる将来的な健康不安です。その頃会社は、郡山から撤退はしないということで、現地の皆さんの不安を和らげるため、政府と同様の見解である「コンクリートの建物内にいれば、放射線を浴びることはないから安全」とのアナウンスをしていました。

確かに、営業所はコンクリートのビルの中であり、皆さんの自宅も全員コンクリートのマンションです。しかしながら、現地の方からは、「ビルやマンションの中にいる限りは安全かもしれないが、顧客である病院や医院を訪問する際の移動に使用する車は安全ではない。様々な情報をあたると、車は放射線を遮ることはできないと思われる。決してわれわれは安全ではない」との意見が多数上がりました。

現地組合員の悩みは社会的使命の遂行と自分たちの安全確保の両立

その他、競合他社は皆撤退しているのに、われわれだけ撤退しないのはおかしいではないかとの意見や、このままここで働いて、将来的に放射線が原因かもしれない癌に罹患したら、労災と認定してくれるのかなど、様々な意見・要望があがりました。

3時間ほど対話を続けていると、皆さんが本当に感じていることは、自分が将来的に健康を損ねることは恐ろしいが、郡山で暮らしている方は普通の日常を送っている。また、顧客である病院・医院の方も誰も逃げず、患者さんを助けている。さらには、医薬品の配送を担う特約店の方々も懸命に自分たちの使命を果たしている中で、自分たちだけが郡山から脱出することが本当に正しいことなのかということでした。

現地に留まり、自らの使命を果たさなければいけないとの思いはあるものの、自分の健康を損なうのは怖いとの状況で、現地の皆さんから要望があったのは、どこが危険かすぐにわかるよう、簡易式で携帯可能な放射線測定装置、および万が一高い放射線を浴びてしまったときに甲状腺がんを予防するために服用するヨウ素剤の配付でした。

それらについては、すぐに会社に要望を伝え、後日営業所に送付されました。また、会社業務がない土日祝は、郡山から離れるための旅費と宿泊費も会社より支給することとなりました。そして、希望者はなるべく早く異動できるような制度も導入し、代わりに現地に入る者は全国から希望者を募ることとなりました。

製薬企業としての使命を果たすことの重要性

これらの施策により、自分の健康への影響について不安を抱きながらも、自分の周りで自らの使命を果たしている方々と同様に業務を遂行したいという者については、十分ではないまでもある程度サポートできる体制が構築できました。

また、皆さんが不安なままでも前向きな気持ちになることができたのは、これらサポート体制の確立だけではなく、製薬企業という生命関連産業に携わる者に求められる事業継続計画（ＢＣＰ）に関する話を理解してもらえたこともあります。

具体的には、鳥インフルエンザ等の強毒性インフルエンザが蔓延した際のワクチン供給体制に関することで、周囲にどれだけ強毒性インフルエンザが蔓延していても、ワクチンを必要とする方々のために製薬会社はワクチンを供給しなければなりません。そのため、会社は、強毒性のインフルエンザが流行した際の出社者の選定や、出社する際には人と接触しなくてもいいように自家用車での出社ができる等、危険を伴う場合の行動について、事細かくマニュアルを定めています。

そのような製造現場における製薬企業としての取組みを紹介し、頑張っているのは自分たちだけではないとの思いを強くしてもらいました。

社員の安全にも配慮した緊急時行動マニュアル作成の重要性

今回は、突発かつ想定外の津波・原発事故のため、製造現場のように事業を継続するためのマニュアルは定められていませんでした。そのため、緊急で避難する必要があるのに、管理者によっては、避難の際に営業車の使用は禁止との命令を出す者もいて、現地の皆さんから不評を買っていました。

今後は、営業の現場においても製造現場と同様に、緊急時における事業継続マニュアルを定めるよう、会社に要請することで、皆さんからある程度の理解・納得を得ることができました。

現地に入り、不安に思っている皆さんと対話し、皆さんからの要望をある程度実現することで、危険な地域に残り職務を続けていた方々からの理解を得ることができました。

われわれが社会生活を営む上で欠かすことのできないサービスや物品の提供に携わっているエッセンシャルワーカーは、医薬品だけではありません。

エッセンシャルワーカーとしての社会的使命と、その方々の安全の確保というのは、難しい課題かと思いますが、いざというときのための危機管理として、会社としてどのような方針を採用し、どのように従業員の安全を守るのかについては、普段から検討していくことが求められます。

あとがき

総務省統計局の調査によると、２０２１年1月現在、日本の就業人口のうち役員以外で何らかの形で会社に勤めている方の割合は約84％です。つまり、日本人の８割以上が会社勤めをしているということです。日本人にとって、それだけ会社は身近で、なくてはならないものとなっています。

一口で会社といっても、数名規模のところから何万人の社員を抱えるところまで、多種多様な様態の会社があるかと思います。どのような様態の会社であっても、確実に言えるのは、必ずその会社を管理する者がいるということです。

小さな会社であれば、社長1人が会社を管理しているかもしれませんし、規模の大きな会社となれば、それぞれの組織を管理する者が必要となってきます。

組織をうまく管理するためには、多方面の知識とスキルが必要になるのですが、本書は「危機管理」の分野に絞り、組織を管理する方に最低限知っておいて欲しい内容について、私が組織を管理していたときの経験を踏まえて、書き記しました。

本書が、会社組織を管理するすべての方のお役に立てることを願っています。

田中　直才

著者略歴

田中　直才（たなか　なおとし）

ＨＫ人事労務コンサルティングオフィス 代表。

社会保険労務士、企業危機管理士。

早稲田大学政治経済学部卒。新潟県出身、大阪府在住。

新卒で大手製薬会社に入社。３か月間の研修ののち、MR（営業職）となり、９年間国立病院を担当。

先輩に請われ、断りきれず労働組合専従役員に就任。計 14 年間組合役員専従として勤務。

組合役員専従退任後は、会社業務に復帰し、約３年間の支店長や営業所長へのコンプライアンス教育担当を経て、2019 年６月末に退職。

社会保険労務士、企業危機管理士として開業後は、「危機管理の実践」を中心にコンサルティング活動に従事。危機管理関連の記事をビジネス雑誌に多数寄稿するなど、精力的に活動している。

■コンサルティング・研修のお問合せ、
ご依頼はこちらへ。
HK 人事労務コンサルティングオフィス
https://www.hk2020.jp
著者連絡先：moushokun912@jcom.zaq.ne.jp

中小会社の危機管理がわかる本

2021 年６月２日 初版発行

著　者　田中　直才　© Naotoshi Tanaka
発行人　森　　忠順
発行所　株式会社 セルバ出版
〒 113-0034
東京都文京区湯島１丁目 12 番６号 高関ビル５Ｂ
☎ 03（5812）1178　FAX 03（5812）1188
http://www.seluba.co.jp/
発　売　株式会社 三省堂書店／創英社
〒 101-0051
東京都千代田区神田神保町１丁目１番地
☎ 03（3291）2295　FAX 03（3292）7687

印刷・製本　株式会社 丸井工文社

Printed in JAPAN
ISBN 978-4-86367-663-3